HEILIGE FESTE

HEILIGE FESTE

EINE REISE UM DIE WELT

Jeremy Hunter

nicolai

INHALT

EINLEITUNG

Täglich finden irgendwo auf der Welt Feste oder Wallfahrten statt. Einige werden in Landschaften zelebriert, die zu den schönsten der Welt gehören, andere vollziehen die Riten vergangener Zeiten in der modernen städtischen Umgebung. Die phantastischen Bilder und außergewöhnlichen Rituale werden dabei von den Teilnehmern der Feste selbst dargebracht, sie sind authentisch und keine Erfindung von Hollywood.

Als Fernsehproduzent verschaffte ich mir Zugang zu hunderten von Festen in der ganzen Welt, und in den letzten 25 Jahren wurde es für mich geradezu eine Leidenschaft, solche Feste ausfindig zu machen und anzusehen. Das Erleben von Festen aus nächster Nähe ist beinahe wie eine Reise in die Vergangenheit: Hier werden an einem feierlichen Tag im Jahr die lokalen Bräuche zum Leben erweckt, so wie sie vor hunderten, vielleicht sogar schon vor tausenden von Jahren praktiziert wurden. So findet zum Beispiel die *Kumbh Mela* seit 3 000 Jahren statt (siehe Seite 22). Freilich war damals die Fotografie noch lange nicht erfunden, aber ich stelle mir immer vor, viele meiner Fotos hätten vor Jahrhunderten nicht anders ausgesehen.

Auch im begonnenen 21. Jahrhundert finden in manchen Ländern fast täglich Feste statt. Ich besitze einen Festivalkalender von Bali, in dem rund 200 aufgeführt sind – monatlich! Des Sommers ist in Spanien und Portugal an jedem Wochenende Fiesta, und in Indien soll es mehr Feste geben, als das Jahr Tage hat. Meist wird damit an Götter und Göttinnen, Propheten, Heilige und religiöse Gurus erinnert, es werden aber auch Bäume, Berge und Flüsse, das Einsetzen des Monsun oder der Frühlingsbeginn gefeiert. Die Feste haben ihren Ursprung im Glauben der Menschen; nicht zu unterschätzen sind aber auch ihre Funktion als Bindeglied zwischen dem Zuhause und der Öffentlichkeit und die vielfältigen sozialen und kulturellen Aktivitäten, die während der Feste stattfinden. Selbst Festivals ohne tiefe spirituelle Grundlagen können in einer immer konformeren Welt dazu beitragen, das Identitätsgefühl einer Gemeinschaft zu stärken und die Vergangenheit zu beschwören, indem die Lebensweise der Vorfahren vorgeführt wird, wie beim *Çirit* in der Türkei (siehe Seite 94) oder beim *Praznik Cevera* in Russland (siehe Seite 62).

In diesem Band werden sowohl weithin bekannte als auch eher verborgene Feste vorgestellt. Auf Landkarten manchmal schwer zu finden, können die Orte, an denen sie stattfinden, auch mal erstaunlich nah liegen. So fuhr ich jahrelang regelmäßig durch eine klassische Industriezone Englands und ahnte noch bis vor kurzem nichts von dem *Abbots Bromley Horn Dance*, dessen malerischer Schauplatz sich ganz in der Nähe meiner Route befand (siehe Seite 152).

Rund um den Globus trifft man auf religiöse Feste mit gemeinsamem Ursprung, die sich in ihrer jeweiligen regionalen Kultur weiterentwickelt haben und sich so voneinander unterscheiden. Der mittel- und südamerikanische Karneval zum Beispiel stammt aus Frankreich, wo am Fastnachtsdienstag, dem *Mardi Gras*, ein fetter Ochse durch die Straßen von Paris geführt wurde, gefolgt von einer ausgelassenen Prozession, die vor Beginn der 40-tägigen Fastenzeit der Bevölkerung Gelegenheit bot, noch einmal über die Stränge zu schlagen. Spektakuläre Karnevalsumzüge, die zwei Wochen oder länger andauern, sind heute die farbenfrohe Attraktion im katholischen Mittel- und Südamerika; der *Mardi Gras* in New Orleans ist weltberühmt. Im Süden Deutschlands verkleiden sich am Fastnachtsdienstag junge Männer als Bären und fordern den ganzen Tag über Frauen zum Tanz auf – ein alter Fruchtbarkeitsritus! In Irland nutzt man die Karnevalstage auch zur Hochzeit, da Heiraten danach, während der Fastenzeit, traditionell nicht erwünscht ist.

Erstaunlich, dass bis zum heutigen Tag solche Traditionen einer Kultur überlebt haben. Die Formen und Eigenarten der Feste und Wallfahrten werden sich jedoch mit der rasch fortschreitenden Globalisierung unweigerlich verändern. Die Chinesen kündigten kürzlich an, dass sie das Bauvorhaben eines Flughafens nahe Xiahe in Osttibet überprüfen. Xiahe ist so klein, dass es selbst auf sehr detaillierten Landkarten kaum auszumachen ist. Wird das Projekt eines Flughafens in über 3 000 Meter Höhe realisiert, dann wird es verheerende kulturelle Auswirkungen auf die dort lebenden Steppennomaden haben – und somit auf das beeindruckende Neujahrsfest im Kloster Labrang (siehe Seite 38). Auch das weltweite Satellitenfernsehen hat selbst in abgelegenen Dörfern Einfluss auf die Lebensweise und die damit verbundenen Ansprüche.

Es stimmt mich aber optimistisch, wenn immer mehr Jugendliche an Festen mit religiösem Bezug teilnehmen; die Turnschuhe unter dem Kostüm haben keinen Einfluss auf ihren religiösen Eifer. So werden die Traditionen von Generation zu Generation weitergegeben, auf Festen von Allahabad bis Zacatecas. Dieses Buch resultiert aus erstaunlichen Reisen und Erlebnissen, und ich hoffe sehr, dass es andere Unerschrockene dazu inspirieren wird, im 21. Jahrhundert eine Reise in die Vergangenheit zu wagen.

Seite 2 – 3 Vietnam Pilger rudern den Fluss Yen Vi südwestlich von Hanoi hinauf, um den Göttern in Huong Tich, der Grotte der Düfte, ihre alljährlichen Opfer zu bringen. Die Landschaft aus zerklüfteten Kalksteinfelsen und üppigen Reisfeldern am Flussufer gilt als die schönste des Landes.

Seite 4 – 5 Irland Dämmerung am *Girlandensonntag* Ende Juli, im dichten Nebel quälen sich die Pilger zum Gipfel des heiligen Bergs Croagh Padraig in der Grafschaft Mayo.

Seite 7 Spanien Einer der Höhepunkte der Fiesta von Saragossa zu Ehren der Jungfrau von Pilar ist *la ofrenda,* das Blumenopfer für die Madonna. Von acht Uhr morgens bis zum späten Nachmittag reißt das jubilierende Tanzen und Kastagnettenspiel niemals ab.

Seite 9 Burma Am letzten Tag des 18-tägigen *Phaung Daw U*-Festes auf dem Inle-See bringt der spektakuläre goldene *karaweik* die vier kleinen Buddha-Bilder, die von den »Söhnen des Sees« verehrt werden, wieder nach Hause.

Seite 10 – 11 Tibet Vor dem Kloster Labuleng in Xiahe überreichen Mönche einander anlässlich des Ausrollens der riesigen *thangka* mit dem Bild des Buddhas kleine Geschenke. Der monumentale Löwe aus Pappmaché soll die Menschenmenge von der Rolle fernhalten.

Seite 13 Mexiko Auf dem Anstieg zum *Sanctuario de Nuestra Señora del Patrocinio* spielt der 82-jährige Indianer Don Daniel ununterbrochen auf seiner Geige, als er sich dem jährlichen Weg der Pilger auf den La Bufa hoch über der Silberbergwerkstadt Zacatecas anschließt.

Pilgerregeln

Beim Stöbern in einer Buchhandlung stieß ich neulich auf »The Wanderings of Brother Felix Fabri in the Holy Land« von 1484, in dem »Pilgerregeln« aufgeführt sind. Als ich zu lesen begann, wurde mir klar, wie sehr Bruder Felix' Beobachtungen auch auf meine eigenen Reisen zutreffen. Er formulierte 27 Artikel oder Regeln für den Besuch spiritueller Orte, die heute noch ebenso gültig wie vor über 500 Jahren sind. Hier sind einige der besten:

2. ARTIKEL: Kein Pilger sollte ohne einen Ortskundigen an heiligen Stätten umherstreifen, denn das ist unsicher und gefährlich.

5. ARTIKEL: Die Pilger dürfen weder Bruchstücke vom Heiligen Grab oder anderen Gebäudeteilen abschlagen noch die behauenen Steine beschädigen, denn dies ist bei Strafe der Exkommunikation verboten.

6. ARTIKEL: Die Pilger dürfen die Wände nicht verunstalten, indem sie ihr Wappen oder ihren Namen darauf malen.

15. ARTIKEL: Kein Pilger sollte sich in Anwesenheit von Sarazenen einen weißen Turban auf den Kopf setzen oder sich weiße Tücher um den Kopf wickeln, denn diese betrachten das als ihr Privileg.

18. ARTIKEL: Jeder Pilger sollte sorgfältig auf seine Besitztümer Acht geben und sie niemals liegen lassen, sonst verschwinden sie auf der Stelle.

23. ARTIKEL: Die Pilger sollten besonders darauf achten, nicht über diejenigen zu lachen, die beten und deshalb Haltungen einnehmen, die ihr Glaube erfordert.

25. ARTIKEL: Die Pilger dürfen nicht zögern, Geld zu zahlen, um sich die vielen Unannehmlichkeiten zu ersparen, die ihnen widerfahren könnten, wenn aber Geld bezahlt werden muss, soll es ohne Murren gegeben werden.

DEVI GUREŞI, KUŞADASI

Januar | TÜRKEI | **Devi Gureşi, Kuşadasi**

Ipci, das Kamel des Seilverkäufers und ungeschlagener Champion Kleinasiens, und die Kamele von Yusuf (dem Koch) und Khazim (dem Chauffeur), namentlich *Schwarzes Paradies, Der Reiche, Der Aggressive, Unermüdlich, Glücklich, Feuer* und *Schicksal* sowie *Der Kürbis* waren da – insgesamt 48 Kamele traten zum Kampf um den Meistertitel von Kuşadasi an.

Professionelle Kamelkämpfe gibt es nur in der Türkei. Man nimmt an, dass die Griechen die Ersten waren, die diesen Sport vor mehreren tausend Jahren betrieben; damals wetteten die Besitzer rivalisierender Karawansereien auf ihre besten Tiere. Vor etwa 100 Jahren wurden solche Kämpfe in der Westtürkei eingeführt, als Nasuf, Sohn des Hadschi Memet, den Griechen Nazili herausforderte. Heute finden in der Provinz Aydin während der Schneeschmelze im Januar und Februar an jedem Wochenende Wettkämpfe statt.

In dieser abgelegenen Gegend der Türkei dienen Kamele normalerweise als Lasttiere, die die Olivenernte hinunter in die Städte bringen. Kampfkamele dagegen – hochmütig, nachtragend und bösartig – werden niemals als Packtiere eingesetzt. Die *Tulu* genannten Mischlinge werden aus einer einhöckrigen arabischen Kamelstute und einem zweihöckrigen Hengst (ursprünglich aus der russischen Steppe) gezüchtet. Sie sind von Natur aus aggressiv und beginnen im Alter von fünf Jahren zu kämpfen. Mit 15 sind sie auf dem Höhepunkt ihrer Kraft und werden etwa 40 Jahre alt. Im Sommer werden sie mit einer Spezialdiät aus Weizen, Gerste und Hafer gefüttert und erreichen so das kolossale Gewicht von 1 200 kg (ein normales Kamel bringt etwa 400 kg auf die Waage).

Wenn gegen Ende November die Brunftzeit beginnt, werden diese gewaltigen Tiere außerordentlich reizbar. Ihr Fell wird dicker, die Hufe ziehen sich zusammen und der Schwanz steht aufrecht. Sie fressen wenig, zehren vom Fettgewebe des Höckers und haben Schaum vor dem Maul. Sie kämpfen um die Aufmerksamkeit eines Weibchens, das meist interessiert am Rande des Feldes steht, und tragen einen Wettkampf auf Leben und Tod aus, bei dem der Sieger seinen Gegner erstickt, indem er ihn zu Boden schlägt und sich auf seinen Kopf legt. Heute werden die Kämpfe jedoch vorher abgebrochen, denn ein Kamel-Champion ist mindestens sieben Milliarden türkische Lire wert.

Die Wettkämpfe in Kuşadasi dauern zwei Tage. Die Kamele werden durch die Stadt geführt, jedes Tier trägt einen mit unterschiedlich großen Glocken, Decken, Stickereien und Glasperlen verzierten Packsattel, der den bösen Blick abwehren soll. Tänzerinnen und Musiker mit Trommeln und Schalmeien – alten Holzblasinstrumenten mit Doppelrohrblatt – ziehen vor der Prozession her, und die Kakophonie von Klängen erzeugt bei den Kamelhengsten die gewünschte Wirkung: Unruhig fixieren sie einander und entwickeln ungeheure Mengen schäumenden weißen Speichel.

KONTES

Seite 14 – 15 *Tulus,* halb Dromedar, halb zweihöckriges Kamel, werden speziell für die jedes Frühjahr stattfindenden Kämpfe gezüchtet, die es nur in der Westtürkei gibt.

Seite 17 oben Ein seltsames Bild: Mitten durch den lärmenden Verkehr von Kuşadasi wird eine *Tulu* zur großen Kamelmeisterschaft geführt.

Seite 17 unten Die Kamele kämpfen während der Brunftzeit, und die Besitzer stacheln die natürliche Aggressivität durch die Anwesenheit weiblicher Tiere an. Der schäumende weiße Speichel ist bei den Hengsten ein Zeichen großer Erregung und Gereiztheit.

Seite 18 Der Buchmacher sitzt auf einem Stapel türkischer Teppiche, aus denen siegreiche Kamelhalter einen auswählen dürfen. Den ganzen Tag über werden Wetten um beträchtliche Summen abgeschlossen.

Seite 19 oben und unten Tänzerinnen und Musiker mit Trommeln und Schalmeien (alten Doppelrohrblatt-Flöten) erzeugen eine Kakophonie von Klängen, die die Kamele offensichtlich reizt und ihre Aggressivität steigert.

Seite 20 – 21 Ein erbitterter Kampf erreicht seinen Höhepunkt. Das Kamel rechts ist in der Siegerposition: Ginge der Kapf weiter, würde es seinen Gegner ersticken, indem es sich auf seinen Kopf legt.

Seite 21 Bis zum Beginn des Ringkampfes tragen die Kamele einen Maulkorb.

10 000 Menschen haben bezahlt, um den Kampf am Sonntag zu sehen. Zu gewinnen gab es 24 türkische Teppiche, jeder im Wert von 130 Millionen Lire, und für den Besitzer des Champions einen Geldpreis von 240 Millionen Lire. Die Kampfregeln erscheinen ziemlich unverständlich. Fünf Schiedsrichter kategorisieren jeden Kampf nach *ayak* (Fuß), *orta* (Mitte), *basalti* (Unterkopf) und *bas* (Kopf), die Kombinationen erfolgen je nach Kampfstil: »der Linkshänder«, »das Kamel, das sein Bein um die Hufe des Rivalen schlingt« oder »der, der mit beiden Vorderhufen auf den Kopf des Gegners tritt«.

Meist dauern die Kämpfe etwa 15 Minuten; der Sieger steht fest, wenn sein Gegner halb erstickt ist, vor Schmerzen schnaubt, umgeworfen oder, was häufig vorkommt, in die Menschenmenge gejagt wird. Dann johlt, pfeift und schreit das begeisterte Publikum, und die Musiker treten auf, um die nächsten Konkurrenten zu noch mehr anzustacheln. Nach sieben Stunden spannungsvoller Erregung erreichten die Kämpfe ihren Höhepunkt, als *Der Verrückte* gegen *Ipci*, das bislang ungeschlagene Kamel des Seilverkäufers, kämpfte – *Ipci* blieb unbesiegt.

MAHA KUMBH MELA, ALLAHABAD

Januar | INDIEN

Maha Kumbh Mela, Allahabad

Während der Nacht tönten aus 3 000 Lautsprechern ständig religiöse Lieder, unterbrochen von Durchsagen für die tausenden von Menschen, die auf dem Mela-Platz vermisst wurden. Die Kakophonie aus dem erregten Geschnatter der Millionen Pilger steigerte sich zu einem schrillen Heulen, als um exakt 5 Uhr 20 der feierliche *Shahi Snan,* der Tag des königlichen Bades, heraufdämmerte. Dies war der Tag des *Makar Sankranti,* an dem sich den Priestern zufolge die Planeten in einer Konstellation befanden, die es seit 144 Jahren nicht mehr gegeben hatte. 2001 versammelte sich am Zusammenfluss der heiligen Flüsse Ganges, Yamuna und des mythischen Saraswati die größte Menschenmenge aller Zeiten.

Schätzungsweise an die 70 Millionen Menschen nahmen an jener 42 Tage dauernden Mischung aus religiöser Wallfahrt und Kirmes teil, die sich *Maha Kumbh Mela* nennt, das große Fest des Lebenselixiers. *Kumbh* heißt wörtlich übersetzt »Krug« und mit dem Fest feiert man die triumphale Rückeroberung des Nektars der Unsterblichkeit, der von den aufgewühlten Ozeanen in einen himmlischen Krug gespült worden war. Dämonen hatten dank ihrer überlegenen Stärke und Taktik den Nektar gestohlen, aber nach längerem Kampf gewann ihn Jayanta, der Erbe des Himmelsthrons, wieder zurück. Seine Heimreise dauerte zwölf Himmelstage, was in der Hindu-Mythologie zwölf Erdenjahren entspricht, und auf dem Weg fielen vier Nektartropfen auf indischen Boden: in Haridwar im Bundesstaat Uttar Pradesh, in Ujjain in Madhya Pradesh, in Nasik südwestlich von Bombay und in Prayag am Stadtrand von Allahabad. Seit 3 000 Jahren findet alle drei Jahre reihum in diesen Orten eine *Kumbh Mela* statt; die Hindus glauben, dass ein Bad an jedem dieser heiligen Orte sie reinigt und von jeder Sünde befreit, die sie – und 88 Generationen ihrer Vorfahren – jemals begangen haben. Im wichtigen zwölften Jahr findet das große Fest *Maha* in Prayag statt (ein Hindi-Wort für »Zusammenfluss«, wo die Wasser der heiligen Flüsse Indiens zusammenströmen: der heiligste Ort des Hinduismus).

Bei der heutigen *Kumbh Mela* geht es nicht nur darum, Erlösung in den heiligen Wassern des Ganges zu suchen, es geht auch um die Logistik bei der Versorgung dieser riesigen Menschenansammlung. In nur zwei Wochen wuchs der Festplatz 2001 von ein paar hundert Zelten im ausgetrockneten Flussbett zu einer riesigen Weltstadt an. In vier Monaten und mit spärlichem Budget bauten die Verantwortlichen über 720 Kilometer Straße, beleuchtet von 15 000 Lampen. Sie hoben 19 000 Latrinengräben aus und beschäftigten 7 000 Straßenreiniger. Sie stellten 50 000 Telegrafenmasten auf, errichteten 16 Krankenhäuser und 28 Polizeireviere und schafften durch 250 Kilometer Rohrsystem täglich 50 000 Liter Trinkwasser heran. Um die Pilger mit drei kostenlosen Mahlzeiten pro Tag zu versorgen, beförderten die Organisatoren mit Lastwagen 13 000 Tonnen Mehl, 8 000 Tonnen Reis, 5 000 Tonnen Zucker und 11 Millionen Liter Petroleum zu den Kochstellen. Das meiste wurde von reichen Sponsoren gestiftet; einer sagte mir: »Frieden kommt vom Schenken.«

Kurz nach Mitternacht am Tag des *Makar Sankranti* überquerten bereits zehntausende Gläubige die schmalen Pontonbrücken, die den Yamuna überspannten (in Berichten war von 400 000 Menschen pro Stunde die Rede), und strebten dem Sangam, dem Zusammenfluss der drei Flüsse zu, um dort an diesem hohen Feiertag zu baden. Die *sadhus*, die heiligen Männer aus den 13 *akharas*, begannen ihren spektakulären Marsch drei Stunden später; jede Prozession wurde vom geistigen Führer, dem *mahamandaleshwar* jedes *akhara*, angeführt, der in einer vergoldeten Sänfte oder auf einem in Samtdecken gehüllten Pferd saß. Es folgten, Schulter an Schulter schrittweise Richtung Ganges drängend, die nackten *nagas* mit ihren Dreadlock-Frisuren, die wegen ihrer magischen Kräfte gefürchtet werden. Sie schwangen Speere, Schwerter und Dreizacke, um an ihre kriegerischen Ursprünge zu erinnern, und waren nur mit der Asche von Toten eingerieben. Diese Krieger-Mönche, von denen viele zur *Maha Kumbh Mela* aus ihren Schlupfwinkeln im Himalaya angereist waren, leben in einer extremen Askese, entsagen allen irdischen Dingen und betrachten die Ascheschicht als die einzige Kleidung, die sie benötigen. Für sie ist die Kasteiung des Körpers ein Weg zur Erleuchtung; nachdem sie ihr heiliges Baderitual im Morgengrauen vollzogen hatten, zitterten sie heftig in der großen Kälte.

In diesem Jahr stürzten sich die *nagas* der *Nirvani-akhara* als Erste kopfüber ins eiskalte Wasser; in den vergangenen Jahren gab es jedoch heftigen Streit zwischen den Gruppen darüber, welche als Erste baden dürfte. 1953 wurden die Pilger nach einer solchen Meinungsverschiedenheit bei einem Massenansturm in den Ganges getrieben, schätzungsweise 70 000 ertranken in der (damals) reißenden Strömung. 1977 endete ein Streit damit, dass 20 *nagas* im Fluss geköpft wurden.

Zweifelsohne brachten die *sadhus* und *nagas* Farbe und Dramatik in diese *Kumbh Mela*, für den Besucher jedoch war der vorherrschende Eindruck der von religiösem Ernst. Zwar dröhnte alle paar Schritte weltliche Musik aus den Lautsprechern an den staubigen Straßen, doch es gab in der riesigen Zeltstadt weder Läden noch Cafés, keine Straßenverkäufer, keine Stände mit Eis oder Zuckerwatte, keine Coca-Cola-Automaten. Fahrzeuge waren verboten. Für die Millionen, die durch Indien gereist waren, um zu diesem allergünstigsten Zeitpunkt im Ganges zu baden, war es ein Glaubensakt und das Ereignis ihres Lebens. Ein Pilger formulierte es so: »Das Baden hier bringt inneren Frieden. Ich werde von den Sünden meines vergangenen und auch dieses Lebens reingewaschen, dann bin ich rein für das nächste.«

Seite 22 – 23 Etwa 100 000 Pilger pro Stunde badeten am *Shahi Snan*, dem ersten der königlichen Badetage – er fiel 2001 auf den 14. Januar –, in den heiligen Wassern des Sangam. Schon kurz nach Morgengrauen waren Ufer und flache Stellen übersät von Gläubigen, die ins Wasser tauchten.

Seite 25 Jungen in prächtigen zeremoniellen Gewändern vollziehen im Laufe der *Kumbh Mela* einen kurzfristigen Geschlechtswandel und werden als lebende Göttinnen verehrt. Ihre Füße dürfen den Boden nicht berühren, sie werden von ihren Vätern oder Vormündern überall hingetragen.

Seite 26 – 27 Kurz nach dem Morgengrauen warten die *nagas* des *Nirvani-akhara* darauf, in die heiligen Fluten des Ganges einzutauchen. Ihre gespenstische Erscheinung rührt daher, dass sie den Körper mit der Asche von Toten einreiben.

Seite 28 – 29 *Nagas* des *Juna-akhara* stürzen sich kopfüber in den Sangam. Bei jeder *Kumbh Mela* streiten die *akharas* heftig darum, welche als Erste ins Wasser darf.

Seite 30 – 31 oben Die *Maha Kumbh Mela* dauert 42 Tage, viele Pilger baden täglich im Sangam.

Seite 30 – 31 unten Gläubige brechen in der Dämmerung des *Makar Sankranti* auf – an diesem Tag im Jahre 2001 standen die Planeten in einer Konstellation, die es seit 144 Jahren nicht mehr gegeben hatte.

MARDI GRAS, CAYENNE

Februar | FRANZÖSISCH-GUAYANA

Mardi Gras, Cayenne

Vor einigen Jahren arbeitete ich an einer Fernsehdokumentation über die französische Fremdenlegion. Wir hatten bereits die Einziehung neuer Rekruten im Hauptquartier der Legion in Aubagne bei Marseille gefilmt und wollten nun ihr Leben nach der Grundausbildung verfolgen, wenn sie in Übersee-Départements oder früheren Kolonialstaaten stationiert werden. Der Verbindungsoffizier in Aubagne schlug vor, wir sollten das beschwerliche Dschungel-Trainingsprogramm filmen, das sie in Französisch-Guayana durchführen. Niemand schien sonderlich viel über diesen kleinen südamerikanischen Außenposten Frankreichs zu wissen, außer dass dort eine der größten Schlangen der Welt, die Anakonda, beheimatet ist. Das Dschungelleben dort sei so hart, hörten wir, dass man den Legionären eine Sonderzulage zahle. Bis in die 50er Jahre diente die vor der Küste gelegene Teufelsinsel als Strafkolonie für die gefährlichsten Verbrecher Frankreichs; Henri Charrière, der Autor von »Papillon«, war einer ihrer berühmtesten Gefangenen. Zu den Aufgaben der Legion gehörte der Schutz des europäischen Raumfahrtcenters Ariane in Kourou, das Ingenieure der Legion in den 70er Jahren dem Dschungel abgetrotzt hatten, und dorthin fuhren wir.

Nach einer Woche Dreharbeiten im Regenwald gönnten wir uns eine dringend notwendige kurze Pause von den Attacken der bösartigen Moskitos. Colonel Pau, Kommandant des 3ième Régiment Étranger d'Infanterie, empfahl mir, in die Hauptstadt Cayenne zu fahren, etwa 160 Kilometer die Küste entlang. Der *Mardi Gras* hätte gerade begonnen, erinnerte er mich, und das Fest in Cayenne sei berühmt für seine spektakulären Kostüme und Szenen.

Der *Mardi Gras* (Karnevalsdienstag) wird überall in der christlichen Welt ausschweifend gefeiert. Traditionell war dies der letzte Tag vor Beginn der Fastenzeit. Speisen wie Fleisch, Butter und Eier waren danach verboten, also musste man die Vorräte vorher aufbrauchen, ein wunderbarer Vorwand für ein riesiges Fest am *Mardi Gras* – Fastnacht. Ich hatte den *Mardi Gras* schon in Trinidad und Tobago miterlebt, aber dieses weniger bekannte Fest in der Stadt, nach der ein scharfer Pfeffer benannt ist, war genauso laut, bunt und aufregend.

Der *Mardi Gras* in Cayenne ist vor allem ein kreolisches Fest, an dem die brasilianische und haitianische Stadtbevölkerung mit Musik und Trommeln teilnimmt. Wie in den meisten anderen lateinamerikanischen Ländern sind die Kostüme hier sehr aufwendig, die Tänzer geben einen beträchtlichen Teil ihres Jahreseinkommens dafür aus. Am Montag, *Lundi Gras,* macht man sich mit parodistischen Hochzeitsfesten und Rollentausch über die Institution Ehe lustig und steigert sich in den Wahnsinn des *Mardi Gras* hinein. Manche Frauen verkleiden sich als *Touloulous* und bei einem Tanz namens »Chez Nana. Au Soleil Levant« herrscht Damenwahl – die Männer dürfen nicht ablehnen! *Vaval,* der den Teufel und die Seele des Karnevals darstellt, zeigt sich zwischen anderen Tänzern in roten Kostümen mit Füllhörnern. Später in der Nacht wird er (in Form einer Strohpuppe) verbrannt und die Trauergäste kleiden sich zur Abschlussparade ganz in Schwarz und Weiß.

Seite 32 – 33 Zwar sind die Kostüme meist von europäischen Festgewändern inspiriert, vor allem vom Karneval in Venedig, die Teilnehmer beim *Mardi Gras* von Cayenne sind jedoch überwiegend indianischer Abstammung.

Seite 35 Das Füllhorn mit Früchten auf dem Kopf dieser Tänzerin steht für *Vaval,* die Seele des Karnevals.

Seite 36 – 37 Trotz des religiösen Ursprungs bestimmen beim *Mardi Gras* vor allem verrückte Kostüme, wilde Tänze und nackte Haut das Bild.

NEUJAHRSFEST

IM KLOSTER LABRANG, XIAHE

Seite 38 – 39 Nur sehr selten sieht man *Cham*-Tänzer unmaskiert. Ich hatte Glück, dass ich diese beiden in einem der kleinen Höfe hinter dem Kloster warten sah.

Seite 41 Die Außenmauer des Klosters gilt den Pilgern als heilig; hier verneigt sich eine Gruppe vor vorbeikommenden Mönchen.

Seite 42 – 43 Am Morgen des ersten Festtages wird die große *thangka* mit dem Bild des Buddhas von 100 ausgewählten Mönchen (links) aus dem Kloster getragen. Tibetische Hirten reiten nebenher, damit niemand das Bild berührt, bevor es auf einem nahe gelegenen Hügel entrollt wird.

Seite 44 – 45 oben Gelbkappenmönche begleiten die *Cham*-Tänzer mit rhythmischem Trommeln.

Seite 44 – 45 unten Nomadenpilger aus den Steppen senken bei der Ankunft der Buddha-Inkarnation im Vorhof des Klosters ehrerbietig den Kopf.

Seite 47 Die *Cham*-Tänze beginnen um die Mittagszeit und dauern ohne Unterbrechung etwa sechs Stunden an. Hörnerklänge kündigen den Beginn jedes stark durchchoreographierten Tanzes an. Die Mönche bleiben die ganze Zeit sitzen, hinter ihnen stehen die weltlichen Würdenträger der Stadt.

Die Pilger drehen im Vorbeigehen jedes Gebetsrad, die frömmeren fallen an jedem Rad auf die Knie und dann auf den Bauch, klatschen in die Hände und murmeln ein kurzes Gebet. Das Quietschen der drehenden Räder tönt ständig im Hintergrund des Zeremoniells.

Früh am Morgen des ersten Festtags trugen 100 Mönche von Labrang eine riesige zusammengerollte *thangka* aus dem Kloster – ein auf ein Tuch gemaltes Buddhabild, so groß, dass es den Center Court von Wimbledon bedecken könnte. Unter viel Pomp, Trompetengeschmetter und dem Dröhnen von Muschelhörnern wurde die *thangka* durch die schmalen Straßen zu einem Hügel außerhalb der Stadt getragen, begleitet von tibetischen Hirten in Pelzmänteln und -kappen auf kleinen, stämmigen Ponys.

Dort wurde sie in Anwesenheit der Buddha-Inkarnation, der gesamten Mönchsgemeinschaft in kirschroten Gewändern mit gelben Schals sowie tausender von Pilgern langsam hügelabwärts entrollt. Bei diesem wundersamen Anblick brach Chaos aus, aber die Mönche sorgten mit einer neuen Form von Massenpsychologie dafür, dass die *thangka* nicht von den rasenden Pilgern entweiht wurde. Ein riesiger Löwe aus Pappmaché über einem Holzgerüst, der von zwei Menschen in seinem Inneren gesteuert wurde, schlängelte sich durch die Menge, erhob den riesigen Kopf und verscheuchte alle, die dem Buddhabild zu nahe kamen.

Es hatte in Xiahe seit über zwei Jahren keinen Schnee mehr gegeben, aber am nächsten Tag stieg die Temperatur etwas an, und als wir zum Kloster gingen, begannen die Flocken zu fallen. Im Vorhof wimmelte es bereits von hunderten aufgeregter Familien, alle saßen in Pelzmützen und dicke Mäntel gehüllt im Schneidersitz auf dem Boden und warteten auf den Höhepunkt der Feierlichkeiten: die *Cham*-Tänzer. In der Luft hing ein durchdringender Geruch nach Yak-Butter, eine Grundzutat der Nomadennahrung. Der Löwe sorgte mit Patrouillengängen dafür, dass niemand die Schwelle des Vorhofs überschritt, auch wir saßen auf dem Boden und warteten.

Schließlich erschallte um die Mittagszeit aus dem Kloster mehrfach ein volltönender Klang, der an Hagens Anrufung der Nibelungen im zweiten Akt der Wagner'schen »Götterdämmerung« erinnerte. Was für ein spektakulärer Anblick: Die Arme in die Seiten gestützt, marschierten sie in feierlicher Prozession in den Vorhof, bekleidet mit exquisiten bestickten, brokat- und pelzbesetzten Gewändern, Fellkappen und Stiefeln im Lappenstil. Ihnen folgten die Mönche in kirschroten Gewändern und *pandits*, den gelben Kappen der Sekte, mit bemalten Trommeln. Den Schluss dieser prächtigen Parade bildete die Inkarnation des Buddha, der sich in seinem Thron oben auf einem Balkon mit Blick auf das Schauspiel niederließ.

Die Wagner'schen Trompeten, gut über zwei Meter lang und auf hölzernen Böcken abgestützt, erklangen wieder. Die Trommler stellten sich an einer Hofseite gegenüber einer Reihe von Mönchen mit Becken auf. Sie begannen einen Rhythmus zu schlagen und das ständige Schmettern der Becken schwoll an, als die erste Tänzergruppe erschien. Insgesamt 35 maskierte und kostümierte Mönche tanzten den ganzen Tag, während leise und unbarmherzig der Schnee fiel. Die Geschichte, die sie erzählten, handelte vom Kampf zwischen Gut und Böse, die Hauptrolle spielte Yama, der Herr des Todes. Die Menschenmenge war still und wie hypnotisiert von diesem außergewöhnlichen Schauspiel. Wir empfanden es als ungeheures Privileg, bei dieser feierlichen Einleitung des tibetischen Neujahrs zuschauen zu dürfen.

OSTERN UND

DAS FEST DES MAXIMÓN, GUATEMALA

März/April | GUATEMALA

Ostern und das Fest des Maximón, Antigua Guatemala

Die Geschichte von Antigua, der früheren Hauptstadt von Guatemala, ist eine Geschichte von über 400 Jahren Zerstörung und Verwüstung, Vulkanausbrüchen und heftigen Erdbeben. Aber die frühen Siedler waren harte Burschen. Nach einem katastrophalen Erdbeben im Jahre 1541, machten sie sich sogleich an den Wiederaufbau und errichteten in unmittelbarer Nähe des alten Standortes eine Stadt, die es an Größe und Bedeutung mit Mexico City und Lima aufnehmen konnte. Aber die Stadt wurde von weiteren Erdbeben heimgesucht; das von 1717 wirkte sich verheerend aus. Die Fähigkeiten früherer Baumeister waren offensichtlich verloren gegangen: In der zweiten Hälfte des 18. Jahrhunderts wurden geradezu fieberhaft Kirchen in einem Stil gebaut, den der amerikanische Architekturkritiker Sydney Markham als »Erdbeben-Barock« bezeichnete.

Am Tag der heiligen Martha, dem 29. Juli 1773, wurde die Stadt von einem heftigen Stoß erschüttert, dem etwa zehn Minuten später eine gewaltige Explosion folgte. Die Erde bebte volle zwei Minuten – es gab tausende von Toten und Obdachlosen. Noch im selben Jahr erfolgten zwei starke Nachbeben, die die Guatemalteken endlich überzeugten, ihre neue Hauptstadt etwa 40 Kilometer weiter östlich zu erbauen. Die alte Stadt, die Philipp II. von Spanien 1566 die »höchst edle und höchst treue Stadt des heiligen Jakob der Ritter von Guatemala« genannt hatte, wurde offiziell zu Antigua Guatemala – Alt Guatemala. Sie überlebte zwei weitere Jahrhunderte voller Erdbeben bis zum größten von allen am 4. Februar 1976: In nur 39 Sekunden tötete ein gewaltiger Erdstoß 35 000 Menschen und machte eine Million Menschen obdachlos. Inmitten dieses Kreislaufs von Zerstörung und Wiederaufbau blieb die Macht der Kirche all die Jahrhunderte ungebrochen, und zu Ostern reisen violett gekleidete Büßer aus ganz Guatemala hierher, um an der Karwoche teilzunehmen. Die zerfallenden Ruinen der Klöster und Kirchen von Antigua Guatemala bilden die historische Kulisse für die Prozessionen, die feierlich am Palmsonntag beginnen und im Lauf der Woche immer prunkvoller werden. Der Höhepunkt in dieser lebendigen Aufführung von der Passion und dem Sterben Christi ist Karfreitag, der Tag von Jesu Verurteilung und Tod.

Im Morgengrauen sprengen römische Reiter und Zenturionen durch die Stadt und verkünden das Todesurteil über Jesus. Inzwischen versammeln sich tausende von Männern und Jungen vor der Kirche La Merced, wo die *anda* bereit steht – eine riesige Sänfte mit einer lebensgroßen Christusfigur, die ein goldenes, mit einer silbernen Ranke umwundenes Kreuz trägt. 80 der kräftigsten Männer, heben die drei Tonnen schwere Last auf ihre Schultern und machen sich unter düsterem Murmeln auf ihren schwankenden Marsch. Inmitten von dicken Weihrauchschwaden schreiten sie durch die kopfsteingepflasterten Straßen von Antigua Guatemala und entlang der 14 Stationen des Kreuzes. In der Nacht zuvor hat man den gesamten Weg sorgfältig mit *las alfombras de flores,* »Blumenteppichen« aus Kiefernnadeln, gefärbtem Sägemehl, Blumen und Körnern ausgelegt, deren Schönheit gerade so lange andauert, bis die Prozession sie zertrampelt.

Das Schauspiel dauert bis weit in die Nacht, und man hat den Eindruck, dass sich in Antigua wenig geändert hat, seit die Spanier vor 600 Jahren den Katholizismus nach Lateinamerika gebracht haben.

Gleichzeitig gibt es 150 Kilometer weiter westlich ein anderes außergewöhnliches Fest. Für Aldous Huxley war der auf rund 1 500 Meter Höhe im Hochland Guatemalas gelegene Atitlan-See der schönste See der Welt. Im Wasser spiegeln sich die drei rauchenden Vulkangipfel, die den See einrahmen, und die spiegelglatte Oberfläche reflektiert in Farbe und Stimmung die ständig wechselnden Töne des Himmels – von dunklem Blau über Rosa zu Grau. In den zwölf Dörfern um den See leben überwiegend die Nachkommen zweier Indianerstämme, die schon vor den spanischen Eroberern dort waren; sie sprechen immer noch ihre eigenen Sprachen und sind an den unverwechselbaren bestickten Jacken und gestreiften Hosen zu unterscheiden.

Jedes Jahr zu Ostern findet auf Santiago Atitlan, einer Insel mitten im See, ein halb heidnisches, halb katholisches Ritual statt. Christen in aller Welt betrauern am Karfreitag den Tod des Gottessohnes. Dann feiern sie, drei Tage danach, seine Auferstehung. Auf Santiago Atitlan gehen die Tzutujil-Indianer noch einen Schritt weiter und feiern Maximón, einen wunderbar verwandelten Judas Ischariot, Jesu Verräter. Sie bringen ihm Opfer dar, trinken auf seine Gesundheit und berichten ihm von ihren Sorgen. So neutralisieren sie seine Macht und sind für den Rest des Jahres vor ihm sicher.

Maximón, auch Saint Simon genannt, geht auf Maya-Ursprünge zurück und ist der am meisten verehrte örtliche Heilige. Woher der schlechte Ruf von Maximón/Judas kommt, ist ungewiss; er könnte auf die Propaganda der ersten Kolonisatoren zurückgehen, die damit die Vorliebe der Dorfbevölkerung für ihn unterdrücken wollten. Nach einer anderen Theorie war Maximón ein indianischer Heiliger, den die Konquistadoren aus Angst vor seinem Einfluss hinrichteten. Was auch immer seine Geschichte sein mag, die Indianer hängen sehr an Maximón, auch wenn die Obrigkeit seine Beliebtheit zu untergraben versucht. Offizielle Feste unter seinem Namen sind mittlerweile auf einige wenige Dörfer in diesem abgelegenen Hochland Guatemalas beschränkt.

In den vorangegangenen zwölf Monaten wurde der Körper Maximóns von Mitgliedern der örtlichen *cofradía* oder religiösen Bruderschaft gehütet. Maximón gilt als zu mächtig, um ihn im Ganzen aufzubewahren, bizarrerweise werden seine Körperteile daher von Mitgliedern der *cofradía* getrennt aufbewahrt, und erst am Mittwoch der Osterwoche wird er vom *telinel,* einem Schamanen oder Hexendoktor, »ganz gemacht«. Am nächsten Tag wird er als Inkarnation des Verräters Judas Ischariot bis zum Karfreitag ans Kreuz gehängt. Inzwischen erscheint seine Frau, Maria Castellanos genannt, in Form eines heiligen Bündels mit Maske und Schal. Während der Karwoche liegt sie in einem Glasschrein im Haus des besagten *telinel.* Die *attitecos*, die Dorfbewohner, wachen Tag und Nacht über Maximón und bringen ihm Gaben von Kleidung, Geld, Kerzen, Alkohol und Zigarren, damit er ihre Gebete erhört.

Am Karfreitag wird Maximón vom Kreuz abgenommen und wird, in westlicher Kleidung mit Sonnenbrille, eine dicke Zigarre »rauchend«, hoch über die Köpfe der Dorfbewohner hinweg zu den Häusern sämtlicher Cofradía-Mitglieder getragen. An jedem Haus stößt man bis zur Morgendämmerung des folgenden Tages reichlich mit *quezalteca*, dem hiesigen Feuerwasser, auf ihn an, und die Dorfbewohner, selbst gut mit *quezalteca* abgefüllt, erzählen ihm als ihrem persönlichen Beichtvater ausgiebig von ihren Sorgen, beklagen sich über ihr Schicksal und bitten ihn um die Erfüllung ihrer Wünsche.

Seite 48 – 49 Die Dorfbewohner der Pueblos um den Atitlan-See unterscheiden sich durch ihre Stickmuster, besonders auf den *fajas* der Frauen, die als Schal, Babytragetuch oder Umhängetasche dienen.

Seite 51 Wenn die *anda* mit der lebensgroßen Christusfigur durch die Hauptstraßen von Antigua getragen wird, erinnert die Szene an eine opulente Bibelverfilmung aus der Frühzeit von Hollywood.

Seite 52 – 53 Weihrauchschwaden steigen von der *anda* auf, wenn sie über die wunderschönen, aber kurzlebigen *alfombras de flores* getragen wird, die man über Nacht ausgelegt hat.

Seite 55 oben Es ist eine Ehre, zum Bewacher der riesigen *anda* gewählt zu werden; 80 der kräftigsten Männer Antiguas werden benötigt, um sie zu tragen.

Seite 55 unten Im Kielwasser der *anda:* die verstreuten Überbleibsel einer *alfombra de flores.* Die Gläubigen, die den Kreuzweg säumen, tragen violette Gewänder; die Farbe steht für das Leiden Christi.

Seite 56 – 57 Leidenschaftliche Szenen spielen sich ab, wenn die Dorfbewohner von Santiago Atitlan Maximón von ihren Sorgen berichten; dieser, so glauben sie, besitzt die Macht, ihre Wünsche zu erfüllen.

GANGUAR, UDAIPUR

März/April | INDIEN | Ganguar, Udaipur

Anders als bei den meisten Festen in diesem Buch war mein Aufenthalt beim *Ganguar*-Fest nicht geplant, sondern fiel mit einem privaten Besuch im Palast Seiner Hoheit des Maharadscha von Udaipur zusammen. Maharadscha Udai Singh gründete die Stadt Udaipur, die zum Königreich von Mewar gehörte, 1559 auf Rat eines berühmten geistlichen Führers. Die gewaltigen Paläste und Seen inmitten der Aravali-Berge sind atemberaubend (der James-Bond-Film »Octopussy« spielt weitgehend hier) und farbenfrohe Feste gehören seit Jahrhunderten zur Tradition. Der britische Historiker Colonel James Todd schrieb in »Annals and Antiquities of Rajasthan« (1829), die Mewars hätten »einen besonderen Genius für Festlichkeiten«. Verglichen mit den großen *Melas* von Pushkar oder der *Kumbh Mela* (siehe Seite 224 und 22) ist das *Ganguar*-Fest in Udaipur klein, aber nicht weniger spektakulär. Die Menschen versammeln sich an den *ghats*, den Badetreppen, um Gauri bzw. Parvati zu ehren, die Gattin des Gottes Shiva. Shiva allein symbolisiert die männliche Energie und Fortpflanzung, Shiva und Gauri/Parvati gemeinsam verkörpern die Familie und die Vermehrung des Menschengeschlechts.

Verheiratete Frauen beten zu Gauri um Wohlergehen, Glück und ein langes Leben ihrer Männer, ledige Frauen rufen sie an, um bei diesem Fest ihren Lebenspartner zu finden – unverheiratete Mädchen müssen fasten und dürfen während des 18-tägigen Festes nur eine Mahlzeit am Tag zu sich nehmen. Zur festgesetzten Stunde werden tönerne Standbilder von Gauri und Isar (so heißt Shiva hier) in großen ockergelben Booten über den Pichola-See gerudert. Die Statuen, herrlich bemalt, gekleidet und geschmückt, werden von *matherans* genannten Künstlern geschaffen und auf ihrer Fahrt von jungen Mädchen begleitet – in ihren besten Saris, Hände und Füße mit verschlungenen geometrischen Henna-Motiven geschmückt. Während die Boote langsam über den See gleiten, tanzen die Mädchen an Bord und singen Lieder, die von der Zeit erzählen, als Gauri ihr Zuhause verließ, um das Heim ihres Gemahls Isar/Shiva aufzusuchen. Wenn die Sonne hinter den Bergen versinkt und die Mauern der alten Stadt im goldenen Licht erstrahlen, erreichen die Boote das Wasser am Fuße der *ghats*, in dem sich in allen Regenbogenfarben schillernd die vielen tausend Menschen spiegeln, die dort, teils im Wasser, teils auf den Stufen, versammelt sind – alle in der Hoffnung, dieser Tag möge ihnen einen Ehemann oder ein zukünftiges glückliches Eheleben bescheren.

Seite 58 – 59 Junge Tänzerinnen begleiten die Götterbilder von Gauri und Isar über den Pichola-See. Die bemalten Statuen stehen hinter dem Ruderer.

Seite 60 – 61 Ganz Udaipur versammelt sich an den *ghats* in der Altstadt, um Gauri zu ehren. Das *Ganguar*-Fest ist ein hoher Feiertag, und bietet unverheirateten Frauen Gelegenheit, ihren zukünftigen Ehemann zu finden.

PRAZNIK CEVERA, MURMANSK

Praznik Cevera, Murmansk

Seite 62 – 63 Meister Ivan Ivanovich Chuprov kutschiert sein Rentiergespann im äußerst unzutreffend benannten Tal des Trostes durch einen Schneesturm.

Seite 65 Eine Saamin, gegen die bittere Kälte in Rentierfelle gehüllt, versorgt ihre Rentierherde und wartet auf ihren Einsatz beim Rennen. Beim *Praznik Cevera* treten Männer und Frauen in den Rennen gegeneinander an.

Seite 66 – 67 Die Kohmi-Frau trägt über der traditionellen Kleidung aus Rentierhäuten einen pelzbesetzten Wollumhang. Für die Rennen werden den Rentieren in der Regel die Geweihe entfernt, um sie gefügiger zu machen.

Für 35 Rubel hatte ich einen »Fahrschein für weichen Schlafwagen SCHNELLZUG« für den Moskau-Murmansk-Express erworben. Weich mochten die Abteile der in Deutschland gebauten Wagen ja sein, aber schnell war der Zug mit Sicherheit nicht. Er zockelte zwei Nächte und einen Tag lang die 2095 Kilometer nach Norden mit höchstens 55 km/h über eine monotone, verschneite Ebene seinem Ziel entgegen. Murmansk, offiziell 1916 gegründet, ist die größte Stadt der Welt nördlich des Polarkreises und verdankt ihre Existenz dem Golfstrom, dessen warmes Wasser den Hafen das ganze Jahr eisfrei hält. Der Name bedeutet in der Sprache der hier lebenden Saamen »der Rand der Erde«, eine passende Beschreibung, denn von hier bis zum Nordpol erstreckt sich das Nordpolarmeer.

Ende März war ich zum *Praznik Cevera* oder Fest des Nordens in Murmansk eingeladen. Die offizielle Broschüre beschrieb das Fest als »ein leuchtendes Beispiel für die große Fürsorge von Partei und Regierung bezüglich der Gesundheit der Menschen im arktischen Russland und ihrer harmonischen Entwicklung unter den unterschiedlichen Bedingungen im Norden«. Obwohl *Praznik Cevera* erst während der Sowjetzeit ins Leben gerufen wurde, erinnert es an Versammlungen in der Tundra aus vergangenen Jahrhunderten, als die Nomadenstämme sich trafen, um zu handeln, Neuigkeiten auszutauschen und ihre Kraft und Geschicklichkeit in Wettkämpfen zu messen. Das Fest markiert traditionell das Ende der 52 Tage dauernden Polarnacht und den Frühlingsbeginn im äußersten Norden Russlands. Tatsächlich beginnt der Frühling aber erst im Juni.

Rund 75 000 Zuschauer hatten sich zu den fünftägigen Festlichkeiten im Dalina Uyut, dem Tal des Trostes, am Rand der Stadt eingefunden. Für die meisten war die Hauptattraktion der Sport *Beg olenych upraschtschenije* – Rentierrennen. Hier dominieren zwei Lappenstämme, die 2 000 Saamen und ihre eng verwandten Nachbarn, die Kohmi. Beide leben in der Tundra der Kola-Halbinsel und behaupten, sie hätten bereits vor Entstehen der Wikinger-Kultur in jener Gegend gesiedelt. Vor 2 000 Jahren jagten die Lappen in einem riesigen Gebiet Nordeuropas und schlugen sich trotz harter Lebensbedingungen in der gefrorenen Tundra durch. Vor etwa 600 Jahren eigneten sie sich von den Norwegern landwirtschaftliche Kenntnisse an, vor allem die teilweise Domestizierung der Rentiere. Sie änderten ihre Lebensweise, folgten nun den Wanderungen dieser Tiere und zogen mit den Herden, wenn diese von ihren Winterquartieren auf die Sommerweiden wechselten. Im 19. Jahrhundert verbot man den Rentierherden per Gesetz, Landesgrenzen zu überschreiten. So waren die Lappen zu einer Entscheidung darüber gezwungen, in welchem Land sie ihre Tiere weiden lassen wollten: in Schweden, Norwegen, Finnland oder auf der russischen Kola-Halbinsel. Ivan Ivanovich Chuprov ist ein Kohmi, der als Rentierzüchter auf der 200 Kilometer von Murmansk entfernten Sovhors Tundra Farm arbeitet. Er hat den Titel »Meister des Sports« errungen und nimmt schon seit langem am *Praznik Cevera* teil – in den letzten vier Jahre hat er stets gewonnen. Der Parcours, auf dem er seinen Titel verteidigen will, ist auf einem riesigen zugefrorenen See mit Zweigen abgesteckt.

Die Rennstrecke ist ein 1,6 Kilometer langes Oval, und die Teilnehmer, Männer wie Frauen, müssen zwei Runden drehen, um sich für den nächsten Durchgang zu qualifizieren. Die Schlitten sind etwa zweieinhalb Meter lang, knapp einen Meter breit und bestehen aus Holz, das mit Rentiersehnen zusammengeschnürt wird. Die gewachsten Kufen verlaufen in einem kühn aufwärts geschwungenen Bogen von einem Schlittenende zum anderen, der Fahrer balanciert auf einem einfachen Sitz aus Rentierleder, der an einem Ende des Gestells hängt. Rentiere dienten schon lange vor Pferden als Zugtiere für Schlitten, ein einzelnes Tier kann eine Last von rund 130 kg ziehen. Die Hirsche müssen kastriert werden, damit sie sich einigermaßen zähmen und anschirren lassen. Die Saamen und Kohmi spannen ihre Rentiere zu viert nebeneinander an, in der so genannten Quadriga-Anspannung, sodass Fahrer und Schlitten mit Geschwindigkeiten von bis zu 50 km/h über die tief verschneite Rennstrecke fegen können. Jeder Teilnehmer fährt allein gegen die Uhr, das Rennen wird also durch Geschwindigkeit entschieden. Rentiere sind jedoch ausgesprochen scheue Geschöpfe, sie sind schreckhaft und neigen zum Durchgehen – häufig schießen sie rückwärts in die Menschenmenge und verheddern sich in ihrem Geschirr. Die Rennen dauern drei Tage, und als ich dort war, war jeder Tag noch kälter als der vorige. Wegen der Schneestürme betrug die Sichtweite keine 20 Meter und die Temperatur fiel bis auf -30° C, sodass sich an den Augenbrauen der Fahrer kleine Eiszapfen bildeten.

Saamen und Kohmi sind meist klein, stämmig und blond; sie sollen von einem arktischen kaukasischen Volk abstammen, das sich von Kopf bis Fuß in Rentierfelle kleidete. Bis heute hat sich daran offenbar nichts geändert. Die Männer tragen immer noch Beinlinge und schnabelschuhartige Mokassins aus Rentierleder und ein langes, gebogenes Messer in einer Scheide aus Rentierleder am Gürtel. Die Frauen hüllen sich in wadenlange Rentiergewänder, an deren Ärmeln Handschuhe sitzen. Das Ganze wird von einer Pelzhaube gekrönt, dazu tragen sie einen weiten Wollumhang, der von einem Gürtel zusammengehalten wird. Als das Schneegestöber Mensch und Tier mit wattebauschgroßen Flocken einhüllte, bekam die Szenerie etwas völlig Zeitloses.

Das Rentierrennen ging weiter, Saame folgte auf Kohmi, Mann auf Frau. Aber Ivan Ivanovich führte nicht mehr. Ein saamischer Hirte namens Alexei Terenteyev hatte mit einer Zeit von vier Minuten die Führung übernommen. »Ich habe keinen Kilometerzähler«, murmelte Ivan Ivanovich, »aber ich habe meine Rentiere extra für diesen Wettbewerb trainiert. Ich habe ihnen sogar die Geweihe abgenommen.« Und damit schirrte er sein Leittier Lehzinko an und begab sich mit großem Geschrei und Stockschwingen auf seinen letzten Galopp um die Bahn. Er verschwand sofort in dichtem Schneegestöber und Terenteyev fuhr im Geist das Rennen mit – er trat von einem Fuß auf den anderen und spähte besorgt in die Finsternis. Endlich erschien Ivanovich auf der Zielgeraden, sprang auf und ab und spornte die Tiere zu einem letzten Energieausbruch an. Plötzlich lief ein anderer Kohmi auf die Rennstrecke, wedelte wild mit den Armen und schrie: »He-He!« Die Tiere, von dieser Taktik offenbar in Panik versetzt, explodierten förmlich über die Ziellinie. Gefrorener Schweiß überzog die frei liegenden Teile von Ivan Ivanovichs Gesicht mit Raureif. Aber er lächelte. Die anderen Teilnehmer waren sich einig: Das war ein sehr schneller Lauf. Dann die Ansage: »3 Minuten 59,3 Sekunden.« Ivan Ivanovich Chuprov, Meister des Sports, war zum fünften Mal in Folge Meister.

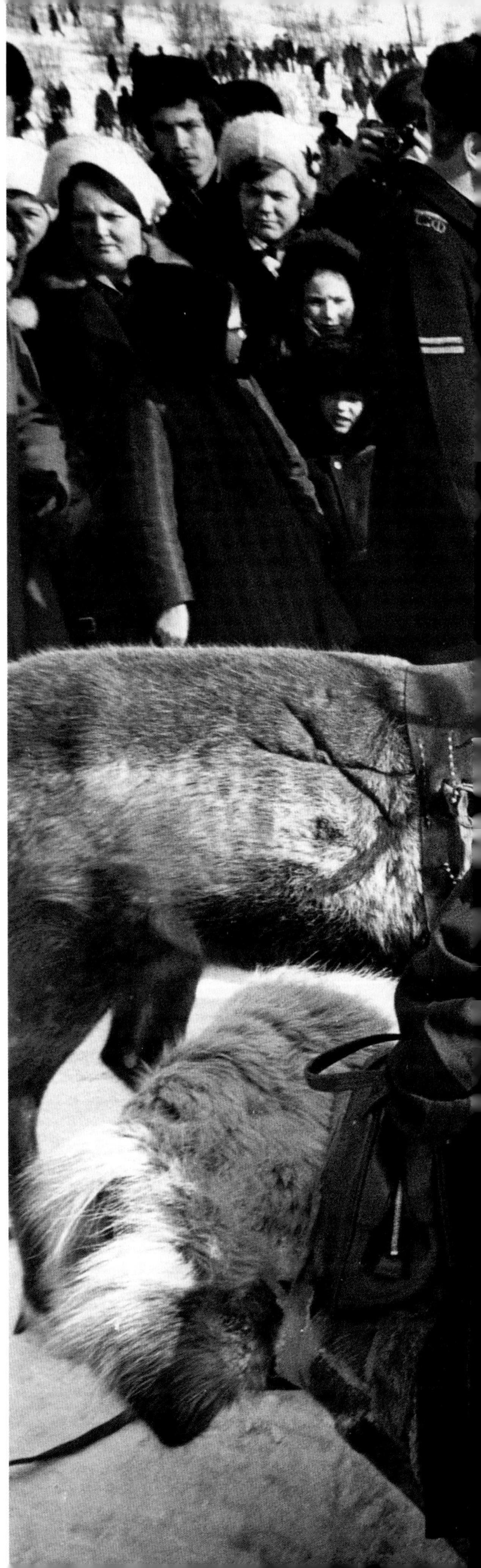

HUONG TICH, HUONG-SON-BERGE

März/April | VIETNAM | Huong Tich, Huong-Son-Berge

Für viele verbinden sich mit dem Wort Vietnam noch immer Bilder von einem Land, das durch einen umstrittenen Krieg zerrissen wurde – Bilder von entlaubten Wäldern und von einer durch das jahrelange amerikanische Bombardement mit zahllosen Kratern übersäten Landschaft. In den Augen der Welt ist »Vietnam« nach wie vor untrennbar mit »Krieg« verknüpft. Tatsächlich ist das beliebteste Souvenir aus dem heutigen Vietnam ein »echtes« Zippo-Feuerzeug von ehemaligen US-Marines aus irgendeinem Unterstand auf Hügel 278. Die Realität des heutigen Vietnam sieht jedoch ganz anders und sehr viel verlockender aus. Für mich ist es das schönste Land Südostasiens: Es ist unglaublich grün und geprägt von säuberlich angelegten Reisfeldern, in denen von Tagesanbruch bis Sonnenuntergang gearbeitet wird, phantastischen Höhlen, verborgen zwischen hoch aufragenden Bergen, einer unendlich schönen, nahezu menschenleeren Küste und einem surrealen Archipel aus Kalksteininseln, die verstreut in der Halong-Bucht nahe Hanoi liegen.

»Das Land des aufsteigenden Drachens« ist darüber hinaus ein tief in der Tradition verwurzeltes Land, dessen kulturelles Erbe sich über 4 000 Jahre zurückverfolgen lässt. Ich fuhr natürlich wegen eines Festes dorthin; Vietnam hat davon eine erstaunliche Menge zu bieten. Die größten und verschiedenartigsten finden im Norden des Landes statt – dem Teil, der vor 1976 die Demokratische Republik Nordvietnam war. Bis vor kurzem musste man die Genehmigung zur Teilnahme an einem Fest mindestens drei Monate im Voraus bei der Tourismusbehörde in Hanoi einholen, heute jedoch geht das Kultusministerium mit Besuchern gelassener um.

Das Datum buddhistischer Feste richtet sich nach Stand und Phasen des Mondes, also muss man sich mit dem Mondkalender auskennen. Meine Wahl war auf das inspirierendste aller Feste im Norden gefallen, *Huong Tich,* das in den ersten Mondmonat fällt, den Berechnungen nach dieses Mal in den April. Schauplatz ist ein Gebirgszug südwestlich von Hanoi, der Huong Son – Berg der Düfte.

Ich fuhr nachmittags mit einem Minibus aus Hanoi ab und übernachtete in einem ehemaligen Wohnheim der Kommunisten in Hoa Binh. Obwohl ich frühzeitig reserviert hatte, genossen anwesende Parteifunktionäre Vorrang und hatten die einzigen Zimmer mit Bad requiriert, sodass wir Übrigen uns um die spärlicher möblierten Unterkünfte und Gemeinschaftswaschräume streiten mussten. Nach einem Blick in den Speisesaal, in dem zwei unendlich lange Tische auf Böcken mit Plastiktellern und -besteck gedeckt waren, verzichtete ich darauf, zusammen mit einer Delegation von 400 Apparatschiks ihr pseudo-westliches Dinner aus Fleisch, Zwiebeln und zwei Gemüsesorten einzunehmen. Am nächsten Morgen fuhren wir 60 Kilometer bis zur Stadt My Duc, dem Ausgangspunkt für die Flussfahrt nach Huong Tich, der »duftenden Höhle«, dem Hauptort der Festlichkeiten.

387

Die Pilgerfahrt zur Höhle – für viele der schönste Fleck von ganz Vietnam – beginnt mit Verhandlungen über die Miete eines Ruderboots. Die Stadtbevölkerung besteht offenbar ausschließlich aus Bootsbesitzern, am Fluss hat man die Auswahl zwischen hunderten und aberhunderten von Booten. Als wir schließlich abgelegt hatten, paddelten wir in der sanften Strömung des Yen Yi und begannen die kurvenreiche Fahrt stromaufwärts. Der Fluss wird gesäumt von fruchtbaren Ebenen, Reisfeldern und zerklüfteten Kalksteinfelsen. Es gibt wohl keine großartigere Landschaft in Vietnam, und an diesem nebligen, verhangenen Morgen wirkte sie wie ein impressionistisches Gemälde oder ein japanisches Aquarell. Es war einfach herrlich. Ich machte eine Weile an einer Brücke Halt und ließ eine endlose Reihe von Booten an mir vorüberziehen.

Seite 68 – 69 Pilger fahren im Nebel des vietnamesischen Frühlings den Yen Yi hinauf. Die Landschaft, in der die Grotte der Düfte liegt, gilt als eine der schönsten und spirituellsten Gegenden in ganz Vietnam.

Seite 71 *A di da phat* – »möge Buddha dich segnen« murmeln die Pilger im Vorüberziehen. Am nächsten Tag kehren sie in ihr Alltagsleben zurück und arbeiten barfuß in den Reisfeldern.

Seite 72 – 73 Von My Duc aus flussaufwärts liegt der Landeplatz für Thien Tru, von wo aus die Pilger zu Fuß bergauf zur Grotte ziehen; am Landeplatz bleiben Unmengen wartender Boote zurück.

Seite 73 ganz rechts Vietnamesische Dong werden als Geldopfer für die Götter verbrannt.

Seite 75 Auf dem Weg zur Grotte verkauft ein Wahrsager Votivgaben und Dong, die man den Göttern in der Grotte opfert.

An diesem Morgen war offenbar jeder Vietnamese auf dem Wasser: betagte Großmütter, für die dies ein jährlich wiederkehrendes symbolisches Ritual ist, aufgeregte Familien, die ihr Boot mit Drachen oder anderen Geisterbildern teilten, und Kinder, die noch zu klein waren, um zu begreifen, dass dies ein Teil ihres kulturellen Erbes war. Manche erhoben die Hände im Gebet und formten mit den Lippen einen Gruß: *a di da phat* – »möge Buddha dich segnen«.

Die gesamte Bergregion gilt als heilig, und jeder Gipfel, an dem wir vorbeikamen, hat einen sprechenden Namen: Der Kauernde Elefant, Die Nonne, Das Reistablett, Die Bronze. Schon seit Jahrhunderten reisen heilige Männer hierher, suchen die Nähe zum Nirwana, leben in Höhlen und Grotten. Auf jedem Hügel sieht man Schreine und Tempel.

Nach einer Stunde kamen wir am Landesteg nahe der *Thien-Tru*-Pagode an – der Pagode, die zum Himmel führt. Hier gibt es Gelegenheit, den Göttern zu opfern. In der Morgenluft kräuselte sich der Rauch unzähliger Feuer, in denen die Gläubigen Geld verbrannten, allerdings falsches – ein Geschenk an verstorbene Verwandte und Freunde, damit diese es im Leben nach dem Tod ausgeben können. Die nächste Etappe der Reise ist ein Fußmarsch: Es geht über zwei Kilometer einen steilen, unbefestigten Bergpfad hinauf bis zur riesigen Höhle und Grotte, in der die Pagode der Düfte von *Huong Tich* steht. Wir kamen an kleineren Grotten vorbei und erreichten dann die Pagode des Fegefeuers, in dem »Seelen gereinigt und Sorgen geheilt« werden.

Auf dem Gipfel hatten sich viele tausend Menschen vor der Höhle versammelt. Eine reich verzierte Inschrift über dem Eingang verkündete, dies sei »die erste Grotte unter südlichem Himmel«. Der Legende nach wurde die Grotte vor über 2 000 Jahren entdeckt, die Arbeit an der Pagode im Inneren, die der Göttin des Erbarmens geweiht ist, begann allerdings erst 1575. Der Fürst Trinh Sam, ein Buddhist aus dem 18. Jahrhundert, erklärte die Stätte zur wichtigsten im gesamten Königreich, bis heute ist sie einer der spirituellsten Orte des Landes. Eine steile Treppe führt hinab in die Dunkelheit des Grotteninneren. Weitere tausend Personen waren dort versammelt, im flackernden Schein ihrer Feuer sah man verbrannte Opfergaben. Aus den Grottenwände drang Feuchtigkeit und legte sich um die aufragenden Stalagmiten. Viele Pilger rieben Bündel der hiesigen Währung *Dong* an den nassen Felswänden, weil sie glauben, dass das Glück bringt, andere opferten Früchte, Gebäck und sonstige Lebensmittel, und kombinierten dabei wahllos traditionelle Gaben mit Coladosen. Diese Gaben sollen die verstorbenen Familienmitglieder im Jenseits ernähren. Jede Felsnische in der Höhle war mit Schreinen von Göttern ausgefüllt, denen die Pilger in einem Singsang ihre Probleme und Beschwerden vortrugen.

LES SAINTES-

MARIES-DE-LA-MER, CAMARGUE

Seite 76 – 77 Im traditionellen *costume arlesienne* erwartet die Stadtbevölkerung von Arles am Strand die Ankunft der Prozession mit den beiden Marien.

Seite 79 Im Triumphzug werden die beiden Marienstatuen hoch über den Köpfen der Menge zur Küste hinunter und in die Wellen getragen. Wenn der Priester sie segnet, versuchen die Verehrer der heiligen Jungfrau, sie zu berühren.

Seite 80 – 81 Ein Reiter wartet geduldig vor der Kirche, in der die beiden Marien und die heilige Sarah zu Hause sind. Wenn die heiligen Standbilder herauskommen, geleitet er sie zusammen mit anderen Reitern zum Meer.

Seite 82 – 83 Pepe Lafleur und seine Frau nehmen seit über 40 Jahren an der *pélérinage* teil. Heutzutage reisen sie in einem traditionell eingerichteten Wohnwagen, aber er sehnt sich in die Zeit der Pferdewagen zurück: »Ich träume nachts immer noch davon«, gestand er.

LA ROMERÍA DEL ROCÍO, ANDALUSIEN

Juni | SPANIEN | La Romería del Rocío, Andalusien

Ein spanischer Journalist, der zum ersten Mal an der Pilgerfahrt nach El Rocío teilnahm, beschrieb sie als »sehr eigenwillig, aber nicht vermarktbar; teils Religion, teils Abenteuer, teils Rallye Paris-Dakar«.

Die alljährliche *Romería* am Schrein der sagenhaften Jungfrau, der Madonna vom Morgentau, in El Rocío findet über Pfingsten statt, in der Regel Ende Mai. Bis zu anderthalb Millionen Menschen machen die 120 Kilometer lange Reise von Sevilla zu Fuß, zu Pferd oder in girlandengeschmückten Ochsenkarren; sie sind drei bis vier Tage auf staubigen und glühend heißen Pfaden unterwegs.

Dies ist eine rein spanische Angelegenheit, eine Kombination aus *Semana Santa* – Karwoche – und traditioneller spanischer *feria*, aber in großem Maßstab. Rund um die Uhr wird gesungen, getanzt und ausgiebig gegessen und getrunken. Viele *rocíeros*, wie man die Pilger nach El Rocío nennt, feiern die ganze Woche über und geben beträchtliche Summen für die Bewirtung der Familie und der Freunde aus – ich traf eine Gruppe, die erzählte, sie hätten drei Monatsgehälter allein für das Essen ausgegeben. Die Frauen tragen traditionelle Flamencokleider, die Männer Stoffmützen, kurze Jacken, schwarze Schärpen und hoch geschnittene schwarze Streifenhosen mit Hosenträgern, die so genannten *pantalones rocíeros*. Für *rocíeros* ist die Pilgerfahrt der Höhepunkt des Jahres, aber bei allem Wohlleben und einer scheinbaren Respektlosigkeit gegenüber der im Kern religiösen Veranstaltung steht die Verehrung der Jungfrau Maria außer Frage.

Der Kult um die Jungfrau von El Rocío lässt sich bis ins 15. Jahrhundert zurückverfolgen. Als die moslemischen Mauren im 8. Jahrhundert fast ganz Spanien eroberten, versteckte die christliche Bevölkerung aus Angst vor Entweihung ihre religiösen Reliquien und Statuen. Da die Herrschaft der Mauren über 500 Jahre dauerte, in manchen Teilen Andalusiens sogar noch länger, blieben viele Reliquien versteckt und wurden bisweilen vergessen, bis man sie durch Zufall wiederentdeckte. Häufig wurden solche Entdeckungen als Wunder angesehen. Der Legende nach fand ein Jäger aus dem Huelva-Dorf Villamanrique die Statue der Jungfrau von El Rocío unter einem Baum. Er entschloss sich, sie mit in sein Dorf zu nehmen, schlief aber unterwegs ein, und als er erwachte, war die Statue verschwunden. Später fand man sie wieder in ihrem Versteck und alle Versuche, sie wegzubringen, scheiterten. Am auserwählten Standort der wundertätigen Jungfrau steht nun die Marienkapelle in El Rocío. Die Hauptattraktion für heutige Pilger bildet eben jene lebensgroße Statue der Jungfrau Maria, die Madonna vom Morgentau, die eine Christusfigur und ein goldenes Zepter hält.

Die *rocíeros* kommen aus ganz Spanien und aus allen gesellschaftlichen Schichten. Sie gehören zahlreichen katholischen Laienbruderschaften oder *hermandades* an, und jede *hermandad* hat ihr eigenes Haus in El Rocío, dessen Bau oder Miete durch Spenden der Mitglieder finanziert wird.

Der Stolz jeder *hermandad* ist der *sinpecado* (wörtlich »ohne Sünde«), eine schwere, prunkvoll versilberte Reproduktion des Marienstandbildes, das mit dem Ochsenwagen zum Fest gebracht wird und sowohl unterwegs als auch in ihrem Haus in El Rocío einen Ehrenplatz einnimmt.

Diese *sinpecados*, jeweils von hunderten von Mitgliedern der *hermandad* begleitet, gehen etwa drei Tage vor dem Höhepunkt der Pilgerreise am Pfingstsonntag von den Dörfern am Stadtrand von Sevilla aus auf die Reise. Nach einer frühmorgendlichen Messe auf dem Dorfplatz bricht man auf, begleitet von Klängen der Dorfkapelle. Zu jeder *hermandad* gehören Pferde und Ochsenkarren mit farbenfrohen Schabracken, dazu rufen Dorfbewohner und *rocíeros*: »Viva la Virgen del Rocío! Viva la Paloma Blanca! Viva la hermandad!« Etwa alle 20 Minuten hält die Prozession an; Raketen und Feuerwerk werden gezündet, und bei jedem längeren Halt stellt man Tische auf und serviert Wein und *presunto pata negra,* Andalusiens besten luftgetrockneten Schinken – die ganze Fahrt wirkt wie ein kulinarisches Festgelage. Später überqueren die einzelnen Gruppen den Fluss Quema und stellen damit die biblische Überquerung des Jordans nach. Neulinge unter den Pilgern werden rituell untergetaucht – gleichsam eine zweite Taufe. In der Abenddämmerung macht man schließlich Halt und schlägt um die etwa 80 Ochsenkarren die Zelte auf. Zum Schlafen gibt es kaum Gelegenheit, denn die *hermandades* sind in Fiesta-Stimmung und zünden die ganze Nacht Feuerwerk und Böller.

Die letzte Nacht und der letzte Tag der Reise gehören der Durchquerung von Las Marismas, einer wilden, unbewohnten Sumpfgegend im Mündungsgebiet des Guadalquivir. Im 13. Jahrhundert waren dies die königlichen Jagdgründe von Alfons X. und die *rocíeros* schreiben der Gegend heute magische Eigenschaften zu, vor allem für die Fruchtbarkeit. Mit Ankunft der Pilger wirkt das verschlafene kleine Dorf El Rocío (400 Einwohner) wie verwandelt.

Ihren Höhepunkt erreicht die Pilgerfahrt am Sonntag der einwöchigen Festlichkeit. Zu einem nicht genau festgelegten Zeitpunkt – in der Regel etwa um zwei Uhr morgens – wird die Madonna vom Morgentau (in ihrer Sommerkleidung; sie besitzt auch noch eine Garderobe für winterliche Ausflüge) unter einem silbernen Baldachin von 80 kräftigen Mitgliedern der *Almonte-hermandad* aus der Kapelle getragen. Nur sie dürfen die Madonna durch das Dorf transportieren, dabei müssen sie einen geschickten Balanceakt leisten: Denn im Chaos, wenn die Träger von den hysterischen Massen bedrängt und gestoßen werden, weil alle versuchen, irgendeinen Teil der Jungfrau zu berühren, darf diese nicht von ihrer Unterlage kippen.

Die Glocken der Kapelle läuten, die Gläubigen brüllen »Viva! Viva! Viva!«, tausende Böller werden gezündet und es herrscht ohrenbetäubender Lärm, wenn die Madonna vom Morgentau langsam ihren zwölfstündigen Weg durch die aufgepeitschte Menge antritt und jede *hermandad* im Dorf besucht. Bei jedem Halt rieseln Rosenblätter von den Dächern, die Pilger versuchen, die Statue zu berühren und mit ihr zu sprechen. Manche sind überzeugt, dass die Jungfrau nicht nur ein Mensch, sondern sogar lebendig ist. Sie sehen Tränen in ihren Augen und sind sicher, dass sie ihre Blicke erwidert, auf ihr Rufen antwortet und ihnen jeden Wunsch erfüllen wird.

Seite 84 – 85 Sämtliche Mitglieder einer *hermandad* posieren vor ihrem gemieteten Haus in El Rocío.

Seite 87 Eine Bruderschaft mit girlandengeschmücktem Ochsenkarren erreicht El Rocío. Sie sind drei Tage zuvor von ihrem Dorf bei Sevilla zu dem 120 Kilometer langen Fußweg aufgebrochen.

Seite 88 – 89 Dorfkapellen, üppig geschmückte Ochsenkarren mit dem *sinpecado,* einer schweren, prunkvoll versilberten Reproduktion der Marienstatue, und Flamencotänzer sind wesentliche Bestandteile bei der Prozession einer *hermandad* nach El Rocío.

Seite 90 – 91 Diese Mädchen, die die Tänzer mit Tamburinen und Kastagnetten begleiten, zeigen Haltung und Noblesse.

Seite 92 – 93 Tanz in allen Formen ist wahrscheinlich der wichtigste Bestandteil aller Festlichkeiten der *romería.* Der Reiz des Flamenco besteht, abgesehen von den schwingenden Kleidern und der offensichtlichen Erregung der Teilnehmer, in der unterschwelligen Leidenschaft, die sich in Tanz und Gesang äußert.

ÇIRIT, KONYA

Juli | TÜRKEI

Çirit, Konya

»Er war ein starker, athletischer Typ, der beste Werfer im Distrikt. Ich hatte ihn als Nachtwächter in meinen Dienst genommen. Jetzt war er beim *Çirit*-Spielen lebensgefährlich verletzt worden. Es war schwer zu sagen, wie man ihm hätte helfen können. Er war bewusstlos; der *gereed* hatte ihn vor einem Ohr getroffen und war glatt durch den Hals gedrungen ...« So schildert der englische Abenteurer und Forscher Edward William Lane, der zu Beginn des 19. Jahrhunderts weite Teile des Mittleren Ostens bereiste, die Gefahren des *Çirit* -Spiels.

Das alte Reiterspiel *Çirit*, vermutlich von nomadischen Briganten erfunden, die vor Jahrhunderten marodierend und plündernd durch Asien zogen, ist in der Türkei in letzter Zeit wieder populär geworden. Die Bezeichnungen der Sportart und der Waffe, die die Spieler tragen, stammen vom ägyptischen Wort *djerid* ab, das einen von den Blättern befreiten Palmwedel bezeichnet – solche Palmzweige wurden traditionell als Wurfgeschosse benutzt. Auch die berittenen Mongolenhorden des Dschingis Khan kannten *Çirit*, und historische Dokumente belegen, dass das Spiel bereits 1326 in Zentralasien verbreitet war. Berittene Krieger, die mit einem Speer statt einem Palmzweig bewaffnet waren, benutzten *Çirit* als eine Art Kavallerietraining.

Çirit ist ein Mannschaftsspiel. Zehn Reiter, mit mehreren *gereeds* bewaffnet, bilden eine *alay* oder Mannschaft. Heute ist ein *gereed* anderthalb Meter lang und hat statt der scharfen eine abgerundete Spitze, und doch sind schwere, bisweilen tödliche Verletzungen nicht selten. Die beiden Mannschaften stellen sich an den gegenüberliegenden Seiten eines Spielfelds auf, das etwa die Größe von zwei Fußballfeldern hat. Auf einem Platz in der Nähe von Konya in Zentralanatolien sah ich ein *Çirit* -Spiel, so wie es Edward William Lane 1833 in Theben gesehen hatte. Es war ein Wettkampf zwischen Mannschaften der benachbarten Städte Konya und Erzurum, und die Reiter stürzten sich voller Erregung in das rund zweistündige Spiel. Dabei geht es um Verfolger und Verfolgte. Beide sind mit einem Bündel *gereeds* bewaffnet und versuchen – grundsätzlich im gestreckten Galopp – ihren Gegner mit dem Speer zu treffen. Zwar wird *Çirit* nicht mehr mit der gleichen Verbissenheit gespielt wie in früheren Jahrhunderten, aber es bleibt ein sehr gefährliches Spiel.

In der Türkei gilt *Çirit* als Sport für die Tapfersten der Tapferen. In früherer Zeit wurde ein Mann, der einen anderen beim *Çirit* umgebracht hatte, nicht gerichtlich verfolgt. Aber nicht jeder steckte eine Niederlage gelassen ein. Der französische Forscher Antoine Melling berichtete 1899, wie dem Großwesir Youssef Pasha, Gouverneur von Erzurum, beim Spiel ein Auge ausgestochen wurde. Sein Gegner, ein junger Offizier, wurde zum Tode verurteilt. Später lenkte der Wesir ein, und der Offizier erhielt eine Börse mit 1 000 Goldstücken und den Rat, sich vom Wesir zukünftig fern zu halten.

Seite 94 – 95 Ein guter Gleichgewichtssinn und höchste Reitkunst sind nötig, um den *gereed* in vollem Galopp zu werfen.

Seite 97 Schon seit mindestens 600 Jahren gibt es Wettkämpfe zwischen hervorragend ausgebildeten *Çirit*-Reitern.

Seite 99 oben Die gegnerischen *Çirit*-Mannschaften stellen sich hinter einem Musiker auf, der die Aufgabe hat, den Beginn der beiden Halbzeiten anzukündigen. Er spielt auf einer Schalmei, einem altertümlichen Vorläufer der Oboe.

Seite 99 unten Während die Pferde sich ausruhen, demonstrieren anatolische Tänzer übermütig ihre Geschicklichkeit beim Schwertertanz.

Seite 100 – 101 Jede Mannschaft oder *alay* hat einen Pferdepfleger, der für das Wohlergehen der Ponys vor, während und nach jedem Wettkampf zuständig ist. Schon seit Jahrhunderten sind *Çirit*-Ponys wegen ihrer Ausdauer und Wendigkeit hoch geschätzt.

Seite 101 rechts Der Umgang mit dem *gereed* erfordert große Geschicklichkeit und viele Trainingsstunden. Es werden Rekordwurfweiten von rund 100 Metern erzielt.

Heute geht es natürlich darum zu gewinnen und nicht um die Verwundung des Gegners. Doch auch das Punktesystem ist recht kompliziert. Ein türkischer Experte erklärte mir, wie die beiden berittenen Schiedsrichter die Punkte verteilen. Ein Treffer wird mit drei Punkten belohnt. Wer einen gegnerischen *gereed* in der Luft fängt, erhält ebenfalls drei Punkte.

Bagislama bedeutet, dass man einen waffenlosen Gegner zwingt, sich zu ducken, um einer Finte auszuweichen, und bringt ebenfalls drei Punkte ein. Wer sein Pferd gut unter Kontrolle hat, bekommt einen Punkt, ebenso jeder, der es schafft, keinen anderen Reiter anzurempeln. Andererseits gibt es auch Punktabzüge. Wer schlecht reitet oder einen anderen Reiter anrempelt, bekommt zwei Punkte abgezogen. Würfe aus allzu kurzer Distanz gelten als feige: Wer aus einem Abstand von weniger als zehn Metern wirft, verliert zwei Punkte. Im laufenden Spiel wurden Gewinne und Verluste offenbar mit dem gleichen Eifer erzielt, die Mannschaften von Konya und Erzurum machten zusammen 890 Punkte.

Das Spiel verlangt Reiter und Pferd sehr viel ab und fordert von beiden großen Einsatz. Die meisten Reiter waren sehr geschickt. Sie trafen aus Entfernungen von über 25 Metern unglaublich genau, und das im vollen Galopp. Der Holländer Cornelius de Bruyn behauptete im 17. Jahrhundert, er habe Reiter gesehen, die den *gereed* 100 Meter weit warfen.

Die Mongolen glaubten, Allah habe bei ihrer Erschaffung die gleichen Beine verwendet, die er auch für die Pferde benutzte. Für die Mongolen war das Pferd »die Krone der Schöpfung«. Und die Pferde, die man heute fürs *Çirit* einsetzt, sind wirklich eine Klasse für sich. Sie ähneln eher temperamentvollen mongolischen Ponys, werden in Anatolien gezüchtet und sind kräftig, zäh, wendig und kompakt, mit einem Stockmaß von nur 145 Zentimeter. Türkischen Kavalleristen gelten sie als beinahe heilig, gleichwertig mit »der Flagge, dem Schwert, dem Bogen und dem Pfeil«. Die Sättel, die die Reiter benutzen, sind alten ottomanischen Kampfsätteln nachempfunden und haben sehr kurze Zügel. Ich durfte mich für einen Moment auf ein Pferd setzen und fand es geradezu beängstigend unkontrollierbar.

Am Morgen eines Wettkampfs wird das Pferd gebürstet, die Flanken werden mit Olivenöl massiert. Es bekommt Hafer und einen halben Eimer Wasser, dann ruht es sich bis zum frühen Nachmittag aus. Der *Çirit*-Wettkampf wird in zwei Halbzeiten ausgetragen, dazwischen gibt es eine Pause. In dieser Zeit werden die Pferde abgesattelt und mit Wolldecken trocken gerieben, die Beine werden massiert und mit kaltem Wasser abgewaschen.

Nach Spielende ziehen die Sportler in die nächste Taverne – die *chaikhane* – und trinken den traditionellen *Çirit*-Tee; die Pferde werden langsam nach Hause geführt und noch etwa eine Stunde schonend bewegt. Sie werden so in die Boxen gestellt, dass sie den Kopf oben behalten müssen und bekommen erst am folgenden Tag Wasser.

Solange die Sultane in Konstantinopel an der Macht waren, war *Çirit* ein höfischer Sport; im Topkapi-Palast in Istanbul sind immer noch Überreste eines *Çirit*-Feldes zu sehen. Bis Mitte des 19. Jahrhunderts wurde *Çirit* im gesamten Mittleren Osten überall dort gespielt, wo der türkische Einfluss besonders stark war. Als es mit dem ottomanischen Hof ab 1826 bergab ging, erlitt *Çirit* das gleiche Schicksal. 1952 jedoch beschloss der Reitverein in Erzurum, *Çirit* verdiene erneut zu Ehren und Ansehen zu kommen, und führte das Spiel wieder ein, an dem sich einst Sultane und Wesire erfreut hatten. Es ist schnell, aktionsreich und kam ausgesprochen gut an; ein zusätzlicher Reiz besteht vielleicht darin, dass das Leben der Spieler bisweilen tatsächlich in Gefahr ist.

FEST DER

GÖTTIN AMMAN, KUALA LUMPUR

Juli | MALAYSIA

Fest der Göttin Amman, Kuala Lumpur

Für die tamilischen Frauen von Kuala Lumpur ist die Göttin Amman ihre spezielle Beschützerin und Wohltäterin, und das Fest, mit dem sie ihr jedes Jahr im Juli huldigen, ist ein höchst bewegender Akt der Ehrerbietung.

Die hinduistischen Tamilen kamen im 19. Jahrhundert aus Sri Lanka – damals noch Ceylon – und Südindien auf die malaysische Halbinsel, um in den Teeplantagen der Cameron Highlands und am neu geplanten Eisenbahnnetz zu arbeiten. Die Arbeitsbedingungen waren oft fürchterlich und es muss ein Trost gewesen sein, sich Hilfe suchend an Amman oder Mariamman zu wenden, die beliebteste lokale Gottheit in vielen ihrer Heimatdörfer. Der Tempel der Sri Mahamariamman wurde 1873 im Chinesenviertel von Kuala Lumpur erbaut, und an dieser Stelle hat seitdem immer ein dieser Göttin geweihter Tempel gestanden. Die Tamilen, vor allem die Frauen, beteten zu Amman, weil sie nicht nur Schutz vor Krankheiten versprach, sondern auch vor »bösen Ereignissen«, von denen es in den Teefabriken und auf den Eisenbahnlinien jede Menge gegeben haben muss – dort waren die Produktionszahlen grundsätzlich wichtiger als die Sicherheit der importierten Arbeitskräfte.

Das Fest beginnt bei Morgengrauen. Gut 3 000 barfüßige Frauen versammeln sich am Stadtrand. Sie tragen feuerrote Saris, um die Schultern Girlanden aus weißen Blüten und auf dem Kopf Messingkrüge mit frischer Milch, ihrer Opfergabe für die Göttin. Auf ihrem Weg zum Tempel bieten sie einen verblüffenden Anblick: eine Flut aus roten Saris, die langsam die Schnellspur der Autobahn heruntergleitet, über die sonst in der Rushhour der Verkehr ins Stadtzentrum fließt.

Ohne Eile bewegen sie sich durch die Stadt zum Tempel. Angefeuert von beträchtlichen Mengen einer Droge, die sie beim Kauen von Betelnüssen zu sich nehmen, skandieren die Frauen unablässig »Bumptati Buratati, Bumptati Buratati«; das eintönige Mantra wird immer lauter und intensiver, je näher sie dem Tempel kommen. Wenn sie schließlich ihr Ziel erreichen, sind sie völlig berauscht, die weit aufgerissenen Augen schauen starr ins Leere, und aus ihren Mundwinkeln tropft der rote Saft der Betelnüsse. Sie alle sind anscheinend völlig darauf fixiert, das Bild der Göttin zu erreichen, das nur für Gläubige zugänglich im Tempelinneren aufbewahrt wird, und vermutlich durch nichts abzulenken. Und doch hatte ich in diesem Moment das Gefühl zu stören und zog mich auf eine Leiter an einer Seite des Hofs zurück, der das Tempelinnere umschließt. Die Szenerie war unbeschreiblich, viele der Frauen wurden hysterisch, schoben, stießen und schrien weinend und voller Inbrunst, um mit ihren Milchgaben zur Göttin, der Hüterin der Erde, vorzudringen. Um die Mittagszeit aber war die alljährliche Huldigung vorbei und Kuala Lumpur kehrte in seinen geschäftigen, weltlichen Normalzustand zurück.

Seite 102 – 103 Die tamilischen Frauen von Kuala Lumpur balancieren Messingkrüge mit Milch auf dem Kopf und bilden so einen malerischen Gegenpol zur Disharmonie des Stoßverkehrs in der malaysischen Hauptstadt.

Seite 105 Wenn die Gläubigen das Allerheiligste des Tempels erreicht haben, befinden sich einige in Trance, die durch das Kauen von Betelnüssen ausgelöst wird.

AUFSTIEG AUF

DEN CROAGH PADRAIG, COUNTY MAYO

Juli | IRLAND

Aufstieg auf den Croagh Padraig, County Mayo

Schon in vorchristlichen Zeiten wurde Croagh Padraig, der Berg des heiligen Patrick, als mystischer Ort angesehen, und wahrscheinlich hat er es ebenso diesem Umstand zu vedanken wie seiner abgeschiedenen Lage, dass es Irlands Schutzheiligen hierher zog. Patrick verbrachte im Jahre 441 die gesamten 40 Tage der Fastenzeit auf dem Berg, der damals Cruachan Aigil hieß. Wir können nur mutmaßen, wie beschwerlich es für ihn gewesen sein muss, in einem roh gezimmerten Unterstand zu leben, der nur wenig Schutz vor den heulenden Stürmen bot, für die der Berg bekannt ist.

Bereits im 11. Jahrhundert war Croagh Padraig zum geschützten Ort geworden; Aodh O'Conor, ein Clan-Oberhaupt aus der Gegend, ließ einem Räuber, der den Pilgern auflauerte, Hände und Füße abhacken. Der *St. Patrick's Day* am 17. März wurde zum traditionellen Tag für den Aufstieg, aber nachdem 30 Pilger im Jahre 1113 vom Gipfel geweht worden waren, verlegten die Pilger ihren Aufstieg auf ein späteres Datum, um die fürchterlichen Unwetter zu umgehen. So wurde der Aufstieg auf den *Garland Sunday* oder Girlandensonntag, den letzten Sonntag im Juli, verlegt. Heute gehen jedes Jahr bis zu 70 000 Pilger auf den Berg, rund 25 000 am *Garland Sunday* (oder *Garlic Sunday* = Knoblauchsonntag, wie einige der Alten noch sagen). Viele gehen barfuß wie Patrick vor 1 500 Jahren.

An einem wolkenlosen, sonnigen Nachmittag vor dem *Garland Sunday* sahen wir Croagh Padraig oder *The Reek*, wie die Einheimischen sagen, wie einen granitenen Leuchtturm 765 Meter über der Südküste von Clew Bay aufragen. Am nächsten Morgen um fünf Uhr jedoch kam der Regen fast waagerecht und der Wind heulte in den Bäumen. Die Pilger, die sich im Old Campbell's – einem Pub natürlich, schließlich sind wir in Irland – versammelten, versahen sich mit einem *reek staff* aus Eschenholz, eine absolute Notwendigkeit, um Halt auf dem losen Geröll zu finden. Der Regen prasselte, die tiefe Finsternis wurde nur gelegentlich vom schwachen Schein einer Taschenlampe erhellt. Als das trübe Licht vor Einbruch der Dämmerung gerade aufzuklaren begann, tauchte in der Ferne ein älterer, glatzköpfiger Mann in einem langen Gabardine-Regenmantel auf. Wir konnten mit Mühe den Wanderstock in seiner rechten Hand erkennen, als er sich vorsichtig seinen Weg zwischen den messerscharfen Granitbrocken suchte. Als wir näher kamen, sahen wir, dass seine Füße schwarz waren von einer Mischung aus geronnenem Blut und Dreck. Das sei das sechzehnte Mal, sagte er mit starkem irischen Akzent, dass er den Aufstieg mache – und immer barfuß.

Kurz vor dem Gipfel rutschte man alle paar Schritte zurück. Allein durch die große Anzahl der Bergsteiger, die mit gesenktem Kopf bergauf strebten, ging es nun langsamer voran. Schließlich wurde der Weg eben, aber im dichten Nebel merkten wir erst nach einigen Augenblicken, dass wir endlich unser Ziel erreicht hatten. Zur Rechten lag *Patrick's Bed,* eine große, kreisförmig angeordnete Felsengruppe, die die Pilger im Uhrzeigersinn umrundeten und dazu ihr »Gegrüßet seist du, Maria« murmelten: »Heilige Maria, Mutter Gottes ...« In der Ferne sah man die Umrisse der weiß verputzten Kapelle, dem Mittelpunkt einer Massensegnung für die tropfnassen, aber hoch gestimmten Pilger.

Seite 106 – 107 Die steilen Hänge des Croagh Padraig bestehen aus scharfen, rutschigen Granitbrocken. Nach alpinen Maßstäben ist der Berg nicht besonders hoch, aber der Aufstieg ist beschwerlich, nicht zuletzt wegen des oft rauen, stürmischen Wetters. Ein *reek staff*, der Wanderstock, ist für das Gleichgewicht unerlässlich.

Seite 109 Viele Pilger erklimmen den Berg barfuß. Der Weg zum Gipfel und zurück beträgt etwa zehn Meilen, aber trotz der scharfkantigen Steine auf dem Weg zur Spitze tragen manche weder Wunden noch Schmerzen davon. Ich habe versucht, den Aufstieg barfuß durchzustehen, fand den Schmerz aber nach ein paar Minuten unerträglich.

Seite 110 – 111 Kurz vor dem Gipfel beträgt das Gefälle 45 Grad, die vom Wind gebeutelten Bergsteiger haben Mühe, das Gleichgewicht zu halten.

ROMARIAS DA ASSUNÇÃO, MINHO

Seite 112 – 113 und 115 Die mit Azulejo-Fliesen geschmückte Kirche aus dem 17. Jahrhundert ist seit 1758 ein Wallfahrtsort. Die Pilger müssen die Kirche zweimal auf Knien umrunden; viele setzen diesen Bußgang jedoch den ganzen Tag fort – offenbar hat sich in 250 Jahren wenig verändert.

Seite 116 und 117 Nahe bei der Kirche in São Bento gibt es einen Laden mit ungewöhnlichen Artikeln zwischen Kerzen und Votivgaben: Wachsbilder von Körperteilen. Die Pilger lassen diese segnen und tragen sie bei ihren Bußgängen um die Kirche bei sich.

Seite 119 Ein riesiges Bild der Jungfrau von Aparecida, das größte in Portugal, wird im Dorf Senhora Aparecida von 40 Trägern die Kirchentreppe hinuntergetragen.

Seite 120 und 121 Ein zeitloses Bild: Die Jungen und Mädchen, die an der *Romaria do Póvoa Varzim* teilnehmen, wirken wie ein Gefolge von Engeln, haben aber ebenso viel Spaß wie seinerzeit ihre Eltern und Großeltern.

Ich sah eine junge Frau, die sich in der größten Tageshitze immer wieder über den blutbeschmierten Pfad schleppte, bis die Qualen dieser Tortur sie überwältigten. Sie stützte sich auf ihren hölzernen Stab, weinte vor Schmerzen und versuchte, den Druck auf ihre Knie zu lindern. Ein Priester sagte ihr, ihr Opfer sei nun groß genug und der Herr wolle nicht, dass sie noch mehr leide, aber sie bestand darauf, »wegen ihres Mannes« weiterzumachen. Die Kirchenumrundung mit dem Abbild eines erkrankten Körperteils soll Heilung bringen, und so tragen manche auf ihrem immer wiederholten Weg um die Kirche lebensechte Wachsmodelle: ein Bein oder eine Hand, einen Arm, einen Bauch, selbst einen lebensgroßen Oberkörper. Eine ältere Frau umrundete über eine Stunde lang den Schrein und hatte das Abbild einer Kuh im Arm. Das portugiesische Wort für »Warze« ist das gleiche wie für »Nelke«, deshalb bringen viele São Bentinho Nelkensträuße als Dankesgaben, weil er sie von ihren Warzen geheilt hat.

Aber dieser Pilgerzug ist nicht nur eine Quälerei, denn im Norden Portugals gehört zur Frömmigkeit auch das Feiern, und der vorherrschende Eindruck bei dieser *Romaria* sind Musik und Tanz. Im Wald rund um das Heiligtum zechen Picknickgesellschaften gewaltige Mengen *vinho verde* aus Literkrügen, von Kopf bis Fuß in Schwarz gehüllte Zigeuner, mehr Balkan als iberische Halbinsel, grillen Hühner auf offenem Feuer, vom Feiern Erschöpfte suchen Schutz vor der sengenden Sommerhitze – und Büßer kriechen unablässig um die Kirche. Es sind wirklich außergewöhnliche drei Tage.

Dieselbe Mischung aus Heiligem und Profanem kennzeichnet auch eine sehr alte Pilgerfahrt zum Dorf Senhora Aparecida, nur eine Fahrtstunde von São Bento entfernt. Vor hunderten von Jahren, so die Legende, fiel an dieser Stelle ein Sternschnuppenregen, gefolgt von der wunderbaren Erscheinung der Jungfrau Maria. Ein wichtiger ländlicher Markt geht der *Romaria* voraus und die engen Sträßchen füllen sich mit Pferdehändlern und Gläubigen. Selbst am Nachmittag der *Romaria* finden auf einem schmalen, von Pilgern gesäumten Parcours Rennen statt!

Der Höhepunkt der *Romaria da Senhora Aparecida* ist zweifelsohne die Prozession am zweiten Tag: Die Statue der *Nossa Senhora* wird auf die größte und schwerste Sänfte in ganz Portugal gehievt und von mehr als 40 Trägern durch die steilen, kopfsteingepflasterten Straßen manövriert. Die Gläubigen knien schweigend am Straßenrand, wenn das Standbild vorüberzieht.

Die Jungfrau Maria ist auch die Schutzheilige der Meere, und der Badeort Póvoa do Varzim widmet Mariä Himmelfahrt den Fischern Nordportugals. Die Fischer, eine geschlossene, tief in Religion und Aberglauben verwurzelte Bruderschaft, wie es nur Menschen sein können, die an den Fischgründen des Nordatlantiks der Gnade der tobenden See ausgeliefert sind, versammeln sich am 15. August zu einer riesigen Prozession. Während der Kabeljau-Saison hat jedes Boot, das von Póvoa ausläuft, ein spezielles Netz an Bord (das Netz der Madonna), und die Erträge aus diesem »Fang der Madonna« werden der himmlischen Beschützerin der Seeleute von Póvoa geopfert.

Nachmittags um vier tragen Fischer Standbilder der Schutzheiligen der Seeleute auf den Schultern durch die Stadt. Die Stadtbevölkerung hängt Teppiche von den Balkonen und überschüttet die vorbeiziehenden Fischer mit Rosenblättern – die Prozession ist so lang, dass der Vorbeimarsch fast eine Stunde dauert. An einem Ort nahe der See machen die Fischer Halt und setzen ihre Last ab, und der Erzbischof von Braga, durch einen weißen Baldachin vor der Sonne geschützt, segnet die Schiffe und Seeleute, begleitet von ohrenbetäubenden Böllerschüssen.

ALPHORNFEST, NESSELWANG

August DEUTSCHLAND

Alphornfest, Nesselwang

Ich wusste sehr wenig über das Alphorn und hatte nur einmal im Radio eine Symphonie von Leopold Mozart, dem Vater von Wolfgang Amadeus, gehört, die eine Solopartie für dieses Rieseninstrument enthält. Als ich jedoch auf Neuschwanstein, dem Märchenschloss König Ludwigs II. von Bayern, filmte, erfuhr ich zufällig von einem Alphornfest, das am nächsten Tag in Nesselwang stattfinden sollte, einem nahe gelegenen Dorf kurz vor der österreichischen Grenze.

Es schien, als sei jeder Alphornspieler Bayerns an diesem Vormittag nach Nesselwang gekommen. Auf einem grasbewachsenen Hügel waren mindestens 100 Spieler versammelt; die Rohre ihrer gigantischen, beinahe grotesken Instrumente glänzten im Sonnenlicht. Alle Spieler trugen braune oder graue Latz-Lederhosen, Hemden mit Puffärmeln und dazu einen keck aufgesetzten Lodenhut.

Zu Beginn fanden sich die Spieler zu Trios und Quartetten zusammen und übten leise eine Abfolge von Arpeggien. Die Hörner haben keine Klappen oder mechanischen Tasten; alle Töne werden lediglich durch die Mundstellung am Mundstück erzeugt. Der Klang ist sehr tief und bebend und erinnert an das Muhen von Kühen.

Die Alphornisten erzählten mir, ihre Hörner bestünden aus ganzen Baumstämmen, die so an Hügellagen gezüchtet werden, dass sie unten in einer Biegung wachsen. Ist der Baum ausgewachsen, wird er auf die traditionellen »zwei Mannslängen« des Alphorns gekürzt, dann der Länge nach halbiert und in Form geschnitzt; dieser Vorgang dauert etwa drei Monate. Archäologische Funde lassen darauf schließen, dass es bereits vor 2 000 Jahren eine einfache Vorform der Alphörner gab, und natürlich gibt es zahlreiche Beispiele von Gemälden aus dem 18. Jahrhundert, in denen eine einsame Figur in einer Alpenlandschaft das Alphorn bläst – ein Ziegen- oder Kuhhirt inmitten seiner Herde.

Traditionell wird das Alphorn zum Sonnenuntergang geblasen, für die Hirten in der Regel eine Zeit der Sorge. Das Instrument erzeugt einen einzigartigen Klang, mit dem man früher Signale über die Alpentäler sendete. Die melancholischen Töne wirkten außerdem beruhigend auf die Tiere, und im Lauf der Jahre entwickelten die Hirten in den Alpen ein Repertoire an Melodien, die sie von Hügel zu Hügel austauschten.

Die Krönung des Tages war für die Spieler, die zu diesem Fest angereist waren, die Teilnahme am großen Finale. Jeder Alphornspieler der Region durfte sich am abschließenden harmonischen Ensemblespiel beteiligen, und es entstand ein ganz herrlicher, melodischer Klang, der von einem sanften Flüstern zu gewaltigen Akkorden anschwoll, bis das ganze Tal davon widerhallte. Vielleicht hatte sich Leopold Mozart davon inspirieren lassen.

Seite 122 – 123 Hunderte von Alphornspielern versammeln sich einmal im Jahr auf einem Hügel in Nesselwang, um auf ihrem urtümlichen Instrument zu spielen.

Seite 125 Die Größe des Alphorns wird vom althergebrachten Maß der »zwei Mannslängen« bestimmt. Das Horn lässt sich zum leichteren Transport in der Mitte auseinander schrauben.

POGRZEBU I TRIUMFU MATKI

BOŻEJ, POLNISCHE KALVARIENBERGE

August | POLEN | Pogrzebu i triumfu matki bożej, Polnische Kalvarienberge

Od powietrza, ognia, gtodv i wojny
zachowaj nas panie
Vor Pest, vor Feuer, Hunger und Krieg
bewahre uns, Gott

Einstimmig erklangen immer wieder dieselben Zeilen eines über 600 Jahre alten polnischen Gebets. Eine Gruppe von etwa 50 Teenagern mit Dornenkronen auf dem Kopf betete in den Kiefernwäldern von Kalwaria Paclawska, einige Kilometer vor der ukrainischen Grenze. Der Gedenktag am 15. August zum Begräbnis und zur Himmelfahrt der Muttergottes ist ein Tag der Vergebung; von der Zeremonie erhoffen sich die Teilnehmer eine vollständige Erlösung von ihren Sünden.

Im 17. Jahrhundert erblickte der Woiwode (oberster Beamter einer polnischen Provinz) Andrzej Maksymilian Fredro beim Jagen im Wald einen Hirsch, der ein Kreuz im Geweih trug. Er verstand diese Botschaft und beschloss, an dieser Stelle mit Hilfe einer Gruppe von Franziskanermönchen ein Kloster und eine Kirche zu errichten. Das Holzgebäude von 1688 wurde später aus Stein nachgebaut und thront heute fast 70 Meter hoch auf dem Gipfel eines sehr steilen Hügels, der wie eine Pyramide über den Feldern und dem Fluss Cedron aufragt. Der Woiwode sah in dem Hügel eine Ähnlichkeit mit dem Ölberg in Jerusalem und stellte deshalb in den umliegenden Feldern und Wäldern und an den Hügelflanken an strategischen Punkten Kreuze auf, um die Pilger an die Herkunft des wahren Kreuzes zu gemahnen. Im Lauf der Jahrhunderte wurden die Kreuze durch mehr als 40 prächtige steinerne Heiligtümer und Kapellen ersetzt; diese werden in einer bestimmten Reihenfolge von den tausenden von Pilgern aufgesucht, die sich jedes Jahr an Mariä Himmelfahrt die 215 Meter hügelaufwärts mühen.

Wallfahrten sind ein fester Bestandteil des religiösen Lebens in Polen. Schätzungsweise vier Millionen Menschen pilgern jährlich zu über 400 Marienheiligtümern im ganzen Land. Joanna, eine polnische Freundin, sagte mir: »Die polnische Religiosität ist eher volkstümlich. Es ist doch viel einfacher, mit der Jungfrau Maria zu reden als mit Gott, weil sie für alle die Mutter ist.«

Nach Verhängung des Kriegsrechts im Dezember 1981 versuchte das kommunistische Regime, alle Wallfahrten zu verbieten, vor allem solche zu Fuß, die als Ausdruck allzu großer Unabhängigkeit galten; zur Strafe stellten die Regionalbehörden den Strom ab oder lieferten kein Brot an die Dorfläden. »Sie haben uns die Hoffnung genommen«, sagte die Dolmetscherin Elisabeth, »aber wir haben es trotzdem geschafft, diese Stätten aufzusuchen. Mittlerweile ist eine Wallfahrt zu den Kalvarienbergen Tradition. Die Kinder werden von ihren Eltern hergebracht, so wie diese von ihren mitgenommen wurden. Ihnen werden ihre Sünden vergeben, sie kaufen Souvenirs von der Jungfrau und geben den Bettlern Almosen; nach einer Wallfahrt fühlen sich alle gut.

Ave Maria

Seite 126 – 127 Ein junger Pilger mit Dornenkrone am Kalwaria Paclawska. Bis zu vier Millionen Polen machen Wallfahrten zu den im ganzen Land verstreuten Heiligtümern, darunter immer mehr Jugendliche, die spirituelle Abenteuer suchen.

Seite 129 Das Grab der Jungfrau Maria, nachempfunden am Kalwaria Paclawska.

Seite 130 – 131 An Mariä Himmelfahrt am 15. August wandern zehntausende von Pilgern über die Pfade des Kalwaria Paclawska.

Seite 132 Wie die anderen Kapellen am Kalwaria Zebrzydowska zeigt auch der Palast des Herodes eher Anklänge an die flämische Renaissance als an die Architektur des Heiligen Landes.

Seite 133 Eine Gruppe von Gläubigen mit einem Banner der Jungfrau Maria hält kurz vor dem Gipfel des Kalwaria Paclawska im Gebet inne.

Seite 134 links Die Ikone der Jungfrau am Kalwaria Zebrzydowska gilt seit 1658 als wundertätig.

Seite 134 – 135 Mitte Die Umsetzung von Mikolaj Zebrzydowskis Vision eines polnischen Jerusalem in osteuropäischer Umgebung blieb nicht ohne Spuren: Dies ist das Haus des Kaiphas.

Seite 135 rechts Der an eine Säule gefesselte Christus: Ein Heiligenbild im Haus des Kaiphas, das viele Pilger anzieht.

PARAFIA RADYMNO

Wie die anderen Kalvarienberge in Polen hatte auch Kalwaria Paclawska den ersten Kalvarienberg des Landes zum Vorbild, mit dessen Bau der Woiwode von Krakau, Mikolaj Zebrzydowski, im Jahre 1600 begann. Der fromme Woiwode wollte einen Kreuzweg schaffen, durch den sich teure Pilgerfahrten ins Heilige Land erübrigten. Im Jahr davor hatte ein gewisser Hieronymus Strzala aus Jerusalem Gipsmodelle der Grabeskirche und des Grabes Christi mitgebracht. Zebrzydowski nahm sich diese als Vorbild und begann mit dem Bau des Kalwaria Paclawska in der Provinz Krakau. Er und seine Nachfahren verwandten die nächsten 102 Jahre darauf, in einem riesigen Gelände aus Hügeln und Wäldern in Nachahmung der Topographie von Jerusalem eine Folge von 42 Kapellen, Heiligtümern und anderen Bauwerken zu errichten. Die meisten wurden von dem flämischen Künstler Paul Baudarth im Stil der flämischen Renaissance entworfen; als Erstes wurden 1605 Golgatha und der Palast des Pilatus gebaut, 1609 folgten die Paläste von Herodes und Kaiphas, 1617 der Garten Gethsemane. In Zebrzydowskis privater Kapelle hängte man ein Gemälde der Jungfrau mit Kind auf, das bereits 1658 von den Kirchenoberen als »wundertätig« anerkannt wurde und das seitdem angeblich regelmäßig Tränen vergießt.

Alle Gebäude waren durch Zebrzydowskis Version einer Via Dolorosa verbunden, doch ist dieser 20 Kilometer lange Weg auf dem 300 Hektar großen Anwesen heute leider von Unkraut überwuchert.

Zum Kalwaria Paclawska kamen zehntausende von Pilgern; die Zeremonien in Zebrzydowska ziehen schätzungsweise eine Million Pilger an. Die Atmosphäre erinnert eher an einen Marathon als an eine religiöse Wallfahrt. Man stelle sich einen heißen, wolkenlosen Tag vor, an dem die Teilnehmer einzig daran interessiert sind, an ihr Ziel zu gelangen – auf ihrem Marsch an diesem Tag die gesamte Route des Kalwaria Zebrzydowski abzulaufen und jedes Heiligtum aufzusuchen. Mit Dornenkronen auf dem Kopf und aus voller Kehle singend ziehen die Pilger in Gruppen von etwa 30 Menschen vorbei. Jede Gruppe wird von ihrer Dorfblaskapelle begleitet und trägt eine Seidenfahne, die mit einem Kreuz und dem jeweiligen Namen der Region oder des Dorfes bestickt ist.

Papst Johannes Paul II. ist im nahe gelegenen Wadowice geboren und regelmäßig nach Kalwaria Zebrzydowski gepilgert. Bei seinem Besuch 1979 sagte er: »Was die Menschen immer wieder hierhin zieht, ist dieses Mysterium ... das Mysterium, das Kirchen und Kapellen überall kunstvoll und großzügig verbreiten.« Der polnische Autor Michael Rozek geht in seinem Vorwort zum Buch »Mysteria« des Fotografen Adam Bujak näher darauf ein: »Die verschwommene Grenze zwischen heiligem Mysterium und feierlicher Reaktion wird häufig überschritten. Diese spezielle Kombination von Glaube, Mystizismus und Liturgie hat Bestand, weil religiöse Kulte eine wichtige Rolle für den Zusammenhalt menschlicher Gemeinschaften und das Gemeinschaftserlebnis bei Festen spielen; hier werden Heilige angebetet und Sünden vergeben, Ärger wird besänftigt und Frieden gestiftet.«

Am stärksten war dieses undefinierbare Gefühl von Mysterium in der Kirche des Dritten Sturzes zu spüren, dem 34. Heiligtum auf der Route. Die Sonne stand fast im Zenit, draußen war es brütend heiß und windstill, aber im Inneren strömte vom Kuppeldach kühlere Luft herunter. Der üppig mit Gold verzierte Innenraum lag im Schatten, nur das riesige Goldkreuz auf dem Altar erglühte im Licht der gleißenden Sonnenstrahlen, die durch das einzige Fenster hoch oben in der südlichen Mauer einfielen. Drinnen herrschte vollkommene Stille bis auf das widerhallende Murmeln zweier Frauen, die den Altar auf Knien umrundeten. Eine Gruppe von Dorfbewohnern ging gerade hinaus und sang ohne Begleitung dasselbe mittelalterliche Lied, das ich in Paclawska gehört hatte:

Vor Pest, Feuer, Hunger und Krieg
bewahre uns, Gott.

Als ihr Gesang leiser und undeutlicher wurde, kam eine andere Gruppe aus der entgegengesetzten Richtung, von Golgatha, und sang zu Gitarre und Trommeln ein ganz anderes Lied:

Oh heiliger Gott, oh Allmächtiger,
Heiliger und Unsterblicher, hab' Gnade mit uns
und mit der ganzen Welt.

Wir saßen regungslos im Dunkeln, wie verzaubert vom antiphonalen Klang der beiden Chöre; dies war wirklich ein heiliges Mysterium.

Seite 136 In die 28 Stufen, die zum Palast des Pilatus hinaufführen, sind Stücke des Bodens von Jerusalem eingelassen; die Gläubigen, die hier auf Knien hinaufkriechen, küssen jede Stufe.

Seite 137 Pilger knien ehrfürchtig in der Kirche des Dritten Sturzes nieder, gebannt von diesem Bild der Leiden Christi im Licht der Mittagssonne.

Seite 139 Am Kalwaria Zebrzydowska endet die Via Dolorosa oben auf dem Hügel von Golgatha; ein vermummter Büßer betet.

August POLEN

PRZEMIENIENIA

PAŃSKIEGO, GRABARKA

August | POLEN | **Przemienienia Pańskiego, Grabarka**

Siematycze ist eine anonyme, ziemlich trostlose kleine Stadt im Osten Polens, nur wenige Kilometer von der Grenze zu Weißrussland entfernt. Im Zweiten Weltkrieg marschierte die Rote Armee in das Gebiet ein, große Teile Ostpolens gehörten nun zum sowjetischem Territorium und viele Einwohner wurden nach Sibirien deportiert oder verschwanden spurlos. Das Land ist hier tief in der russisch-byzantinischen Kultur verwurzelt, und seine Traditionen entwickelten sich ab dem 11. Jahrhundert, zu einer Zeit, da die Bedingungen für das Blühen und Gedeihen des orthodoxen Glaubens in diesem Teil Polens besonders günstig waren. Heute wirkt die Region, als wäre die Zeit stehen geblieben. Das Heu wird mit Pferd und Wagen von den Feldern geholt, viele Dörfer bestehen noch aus altmodischen, eingeschossigen Holzhäuschen mit verwittertem Anstrich, Störche nisten auf der Spitze von Telegraphenmasten und der allgegenwärtige Trabant mit seiner Plastikkarosserie ist und bleibt das vorherrschende motorisierte Transportmittel. Am stärksten jedoch zeigt sich der russische Einfluss im August, denn in diesem abgelegenen Grenzland liegt das größte Wallfahrtszentrum für eine Million Polen, die der orthodoxen Kirche angehören. Zum *Przemienienia Pańskiego*, dem Fest der Verklärung Jesu, brechen zehntausende von Pilgern von Siematycze über eine unbefestigte Straße nach Święta Góra Grabarka auf, dem heiligen Hügel der Büßer in Grabarka.

Auf der Kuppe dieses bewaldeten Hügels stand früher eine hölzerne orthodoxe Kirche aus dem 19. Jahrhundert, sie ist jedoch im Sommer 1990 abgebrannt und wurde mittlerweile aus Backstein neu errichtet. Die Hügelkuppe unterscheidet sich durch die Kreuze von jeder anderen in Europa. Einige der Büßerkreuze stehen dort seit dem 18. Jahrhundert; manche sind bis zu vier Meter hoch, andere winzig wie ein Kruzifix für die Halskette. Zu tausenden stecken sie rund um die Kapelle im Boden und bilden einen scheinbar undurchdringlichen Wald aus Holz. Eine Nonne aus einem nahe gelegenen Kloster erklärte mir, die Kreuze stünden dort »zur Erinnerung an die Kranken und die Leidenden, von denen, die geheilt wurden und von anderen, die sich auf dem Lebensweg verirrt hatten«.

Die Pilger glauben, wenn man ein Holzkreuz hierher bringe und aufstelle, könne es genau jenem Zweck dienen, zu dem die Wallfahrt nach Grabarka ursprünglich entstand: Zu Beginn des 18. Jahrhunderts wütete eine Cholera-Epidemie in Polen, die Menschen starben massenweise. Nach der Legende führte 1710 ein alter Mann, angeregt durch einen prophetischen Traum, seine Begleiter zur Kuppe des Hügels, jeder mit einem Kreuz auf dem Rücken. Dort angekommen, beteten die Männer und tranken Wasser aus einer nahen Quelle, und obwohl sie aus dem Choleragebiet gekommen waren, starb keiner von ihnen. Und noch erstaunlicher: Selbst die Kranken wurden wieder gesund. Die Kreuze, die die Gruppe mitgebracht hatte, blieben als Opfergaben dort, und wenig später erklärte man den Ort für heilig und errichtete zur Erinnerung an das Wunder eine Kapelle. Heute hängt dort eine Kopie der berühmten Muttergottes aus dem Kloster Iwiron. Das Original auf dem Berg Athos in Griechenland gehört zu den am meisten verehrten Ikonen der orthodoxen Welt.

спаси и сохрани
спаси
ника
хс
спаси
и сохрани
и сохрани
сохрані

Seite 140 – 141 Seit fast 300 Jahren ist der heilige Berg von Grabarka mit tausenden von Kreuzen für die orthodoxen Gläubigen das wichtigste religiöse Zentrum Polens.

Seite 143 Die Kreuze, die im Lauf der Jahre hierher gebracht wurden, bilden nun einen undurchdringlichen Wald aus Holz mit Botschaften und Dankesgaben für die Jungfrau Maria.

Seite 144 Dieser Mönch, der auf die Ankunft des Patriarchen der polnisch-orthodoxen Kirche wartet, hätte einem Ikonenmaler des 14. Jahrhunderts als Modell dienen können.

Seite 145 In ihrer Ruhe und Reglosigkeit strahlt diese Nonne jenes tiefe Gefühl von religiösem Mysterium aus, von dem ganz Grabarka erfüllt ist.

Seite 146 – 147 Das Wasser aus der Troščianiec-Quelle gilt den meisten als heilig; wenn die Pilger sich damit gewaschen haben, lassen sie ihre Taschentücher zur Erinnerung an ihren Besuch in den Bäumen hängen.

Seite 148 Bei Tagesanbruch zelebriert der Patriarch die Messe für die Gemeinde. Sein Altar steht auf einem kleinen Podium, das man an der Hügelflanke aufgebaut hat, und über diesem heiligen Ort erschallen die gewaltigen Stimmen eines unbegleiteten Chors.

Seite 149 Manche Kreuze auf dem Hügel sind bis zu vier Meter hoch, andere kaum höher als die Grashalme, zwischen denen sie stecken.

Seite 150 Die Pilger verbringen die ganze Nacht auf dem Hügel zwischen den Kreuzen und stärken sich während der Nachtwache mit Essen und Trinken.

Seite 151 Kerzen strahlen im Dunkel der Nacht und beleuchten die Kirche und die Büßerkreuze.

Es heißt, wenn die Ikone auf genau die wundersame Art verschwinde, in der sie erschienen war, sei das ein Zeichen für das bevorstehende Ende der Welt. Als die Kopie von Griechenland zu ihrem neuen Standort in Grabarka gebracht wurde, wurde sie von 50 000 Pilgern begrüßt.

Das Datum der Verklärung Christi ist der 19. August, aber in Grabarka beginnen die Feierlichkeiten schon am Vorabend, wenn tausende Pilger im Lauf des Nachmittags zum Heiligtum strömen. Ihre erste Aufgabe ist eine rituelle Waschung in dem schmalen Bach, der am Fuß des Büßerhügels vorbeifließt. Frauen feuchten ein Tuch darin an und wischen sich damit über die Brust, andere trinken aus Flaschen, die sie mit dem Quellwasser gefullt haben, und ich beobachtete einen alten Mann, der am Ufer kauerte und seine rechte Hand viele Minuten ins Wasser getaucht hielt. Dann trocknete er die Hand sorgfältig mit einem weißen Taschentuch ab, das er neben den Bach zu hunderten anderer legte, die bereits dort lagen als Zeichen für die spirituelle Heilkraft des Wasser .

Später wird der obere Teil des kiefernbewachsenen Hügels zum Schauplatz einer nächtlichen Totenwache. Die im Lauf des Tages eingetroffenen Pilger drängen auf die Hügelkuppe und versuchen, einen winzigen Platz zwischen den Kreuzen zu finden, an dem sie während der kühlen Nacht ruhen können. Die Nacht wird von tausenden Kerzen in den Händen der Pilger erleuchtet, dann beginnen um Mitternacht die Glocken der Kapelle zu läuten und rufen die Gläubigen zu einer *Panichida,* einer Totenmesse, die von den höchsten orthodoxen Würdenträgern des Landes zelebriert wird.

Mitten in der Nacht erschallt an diesem heiligen Ort der hypnotische, einstimmige Klang gewaltiger Bassstimmen – der orthodoxe Chor stimmt russische Gesänge an, die im Wald aus Kreuzen widerhallen.

LUBACZÓW
ŁUKAWIEC

THE ABBOTS

BROMLEY HORN DANCE, STAFFORDSHIRE

September | ENGLAND | The Abbots Bromley Horn Dance, Staffordshire

Abbots Bromley im Industriebezirk der Midlands ist ein altes Dorf, dessen Geschichte sich bis ins Jahr 942 zurückverfolgen lässt. Die hier in normannischer Zeit erbaute Kirche wurde im 14. Jahrhundert erweitert. Heute dient diese Kirche als Aufbewahrungsort für sechs Paar Rentiergeweihe, die einmal im Jahr für den *Horn Dance* hervorgeholt werden. Angeblich ist dies Bestandteil eines heidnischen Jagdrituals, dessen Ursprünge in der frühen angelsächsischen Zeit vermutet werden.

Es gibt kein festes Datum für den *Horn Dance,* eines jener leider nur seltenen Dorffeste, die sich unverändert aus dem Mittelalter herüberretten konnten. Er wird jedoch immer an einem Montag aufgeführt, und die ungewöhnliche Formel zur Festlegung des Datums lautet »der Montag nach dem ersten Sonntag nach dem 4. September«. Zum ersten Mal wurde der Tanz wahrscheinlich bei der dreitägigen Berthelmy-Kirmes aufgeführt, die Heinrich III. den Äbten des nahe gelegenen Burton-on-Trent 1226 gewährte. Mit dieser Kirmes wurde der Bartholomäustag am 24. August gefeiert, aber mit der Einführung des julianischen Kalenders im Jahre 1752 verschob sich die Kirmes auf Anfang September und das dreitägige Fest verkürzte sich auf einen Tag.

Bei Tagesanbruch werden die Geweihe in der Hurst Chapel der Kirche gesegnet und dann von den Tänzern abgeholt, die ihren rituellen Auftritt vor der Kirche beginnen. Weiter geht es zum Dorfanger, von wo die Männer zu außerhalb gelegenen Gehöften und Dörfern laufen und tanzen. In der Abenddämmerung rund zwölf Stunden später erreichen sie wieder die Kirche.

Die Tänzergruppe besteht aus zwölf Personen. Sechs Männer tragen die schweren, einen Meter breiten Rentiergeweihe – drei weiße und drei schwarze Paare –, der Rest der Truppe besteht aus *Maid Marion,* dem Steckenpferd, dem Narren, einem Kind mit Pfeil und Bogen und zwei Musikern, von denen einer auf der Triangel den Rhythmus schlägt und der andere in früheren Zeiten Geige spielte, heute dagegen Akkordeon. Die Tänzer sind nach alter Tradition sämtlich Männer, und seit Jahrhunderten findet der *Horn Dance* unter der Führung zweier ortsansässiger Familien statt, den Bentleys und den Fowells. Von Sonnenaufgang bis Sonnenuntergang ziehen Tänzer und Musikanten durch das Dorf und über das Land, manchmal geht es im Gänsemarsch über Feldwege, manchmal formieren sie sich zum Kreis, zu Paaren oder verschlungenen Reihen und vollführen die Schritte ihrer uralten Tänze. Da bis heute Hirsche in den Resten der einst ausgedehnten Wälder rund um Abbots Bromley leben, liegt die Vermutung nahe, dass es sich bei diesen alten Geweihen um solche von Hirschen handelt. Es sind jedoch keine Hirsch-, sondern Rentiergeweihe. Nach einer Kohlenstoffanalyse der Universität von Birmingham von 1976 datiert man sie auf etwa 1065, um die Zeit der normannischen Eroberung. Es gibt etliche Mutmaßungen, wie sie nach England gekommen sein könnten, die plausibelste Erklärung lautet jedoch, dass die Wikinger die Geweihe mitgebracht haben. Die Humber Estuary, in die der Trent mündet, liegt in Richtung Skandinavien und bot den Wikingerschiffen damals direkten Zugang ins Herz der Midlands.

Die Gegend war sowohl von den Dänen als auch von den Angelsachsen besetzt, und der Name Bromley ist angelsächsischen Ursprungs, also ist es denkbar, dass die Rentiergeweihe mit Wikingerschiffen aus Norwegen oder Dänemark kamen und dann auf dem Trent flussaufwärts transportiert wurden. Die erste Erwähnung des *Horn Dance* findet sich allerdings erst im 17. Jahrhundert in Dr. Robert Plots »The Natural History of Staffordshire«. Er erwähnt »sechs Tänzer, die auf ihren Schultern ebenso viele Rentierköpfe tragen ... In Abbots hatten sie seit Menschengedenken ... zu Weihnachten den Steckenpferdtanz gefeiert, mit einer Person, die das Bild eines Pferdes zwischen den Beinen trug ... und in der Hand Pfeil und Bogen, womit er im Takt der Musik ein schnalzendes Geräusch machte; mit diesem Mann tanzten 6 andere, die Rentierköpfe trugen, davon 3 weiß angemalt und 3 rot ...«

Historiker haben den *Horn Dance* von Bromley mit den Hirsch- und Büffeltänzen nordamerikanischer Indianer verglichen. Auch in manchen Bibelstellen wird das Tragen von Hirschgeweihen als Zeichen von Stärke gedeutet, und in Shakespeares »Wie es euch gefällt« gibt es sogar ein Lied über das Tragen von Geweihen:

Was kriegt er, der den Hirsch erlegt?
Sein ledern Kleid und Horn er trägt.
Drum singt ihn heim ...

Dieser Tag, an dem sich der *Horn Dance* durch die Dörfer des ländlichen Staffordshire schlängelte, versetzte uns zurück ins mittelalterliche England.

Seite 152 – 153 Die *Horn Dancers* nähern sich dem elisabethanischen Herrensitz Blithfield Hall, den sie bei ihrer jährlichen Tour durch die Dörfer in Ost-Staffordshire schon seit Jahrhunderten besuchen.

Seite 155 Nachdem sie sich in langer Reihe zu einer 8 formiert haben, wenden sich die Tänzer paarweise einander zu; diese Tanzfiguren wurden stets von einer Generation zur nächsten überliefert.

Seite 156 Die Geweihe werden in der Pfarrkirche Saint Nicholas aufbewahrt; im Morgengrauen werden sie vom Gemeindepfarrer gesegnet und anschließlich zu den Tänzern hinausgetragen.

Seite 157 Im ersten Licht der Morgendämmerung hatte mein erster Blick auf die normannische Kirche von Abbot's Bromley etwas völlig Zeitloses.

Seite 158 – 159 Das größte der Geweihe ist über einen Meter breit und wiegt fast zwölf Kilo. Die Speisen und Getränke, mit denen die Tänzer auf ihrem Weg versorgt werden, sind sicherlich eine willkommene Stärkung.

Seite 160 links Der Narr trägt eine aufgeblasene Schweineblase an einem Stock – eine Berührung soll die Fruchtbarkeit fördern.

Seite 160 – 161 Mitte Der *Horn Dance* wird zwar schon seit Jahrhunderten aufgeführt, die Kostüme, die die Tänzer heute tragen, stammen aus viktorianischer Zeit.

Seite 161 Für den tanzenden Rundgang braucht man zwölf Stunden, den Musikern ist nur gelegentlich eine Pause gegönnt.

Seite 162 – 163 Das Steckenpferd trifft auf sein lebendiges Gegenstück, eine bizarre Szene, die beide gelassen wegstecken.

NUESTRA

SEÑORA DEL PATROCINIO, ZACATECAS

Seite 164 – 165 Don Daniel, 82 Jahre alt, passiert eine Kreuzstation auf dem Weg zum Gipfel von La Bufa, wie er es schon seit Jahrzehnten macht; auf der Geige wiederholt er während des Aufstiegs unablässig dieselbe einfache Meldodie.

Seite 167 In einer Seitenstraße von Zacatecas macht sich eine Gruppe von *matachines* auf den Weg, begleitet von Don Daniel. Unter ihnen ist ein kleiner Junge, der die Freude am Tanz darstellt.

Seite 168 – 169 Der Tanz der *matachines* vor dem Aufstieg zu La Bufa erfüllt den barocken Plaza de Armas im Herzen von Zacatecas mit Lärm und Erregung.

Seite 170 – 171 oben *El Viejo de la Dansa* presst an seine faltigen Wangen das Abbild von *La Malinche,* einer Indianerin aus dem 15. Jahrhundert, die heute durch eine Puppe verkörpert wird.

Seite 170 – 171 unten Im Hof des Heiligtums von La Bufa schreitet ein maskierter *capitán* zum Abschluss des nachmittäglichen Aufstiegs vor seinen *matachines* her.

FÊTE DE SAINT-MICHEL, NORMANDIE

September | FRANKREICH | Fête de Saint-Michel, Normandie

Mont-Saint-Michel, *la merveille de l'occident* (das Wunder des Abendlandes) wurde von Aubert, dem Bischof von Avranches, im Jahre 708 dem Erzengel Michael geweiht. Im Traum hatte der Erzengel Aubert befohlen, diesen Felsen vor der Küste der Normandie als Andachtsstätte aufzubauen. So entstand einer der bedeutendsten Wallfahrtsorte der westlichen Welt neben Rom, Jerusalem und Santiago de Compostela. Zahlreiche Mythen und Legenden ranken sich um den Mont-Saint-Michel: Aufbewahrungsstätte des Grals, Zentrum für Astrologie und Alchemie, Versteck für die Geheimnisse der Tempelherren und Teil einer Reihe von heiligen Steinmonumenten, die sich von Delphi und Delos bis zum Berg Karmel zieht.

Der kriegerische Erzengel gilt nicht nur als Hüter der Paradiespforten, sondern auch als Beschützer der Seelen auf ihrer letzten Reise zum Himmel, und so versprach im Mittelalter eine Wallfahrt zum Mont-Saint-Michel den sicheren Übergang in das ewige Leben. Wie heute brachten die Pilger kleine Bleischatullen mit, in die sie Sand aus der Bucht füllten. Der Tidenhub gehört hier zu den gewaltigsten der Welt – bei einer Springflut kann der Unterschied zwischen Ebbe und Flut bis zu 14 Meter Höhenunterschied betragen. Die See weicht bis zu 15 Kilometer zurück und läuft dann mit einem Meter pro Sekunde auf, was den Weg über das Watt ausgesprochen gefährlich macht. Früher wurden viele der Pilger vom Meer fortgerissen oder ertranken, und der Fels wurde bekannt als Saint Michel, der vom Meer Bedrohte.

Bei einer der größten Wallfahrten des Jahres schloss ich mich Ende September etwa 500 barfüßigen *Marcheurs des Chemins du Mont* aus Vire in der Normandie an. Wir hatten ortsansässige Führer, die für etwaigen Treibsand Seile über der Schulter trugen und mit Walkie-Talkies ausgerüstet waren. Etwa acht Kilometer südlich von uns befand sich unser Ziel, über 150 Meter hoch und an diesem Herbstnachmittag atemberaubend schön, eine Silhouette vor wolkenlos blauem Himmel. Kein Wunder, dass der Fels eine Hochburg der Spiritualität ist. Das Wasser war so weit weg, dass die Ebene wie eine goldene Wüste wirkte, und die Erdkrümmung war deutlich erkennbar. Ich fühlte mich eher an das »Leere Viertel« der arabischen Wüste erinnert als an Nordfrankreich. Wir nahmen einen Umweg, um die tiefen Priele zu meiden, in denen das Wasser hüfthoch stand, und erreichten am späten Nachmittag den Fuß des Felsens, wo wir in einem symbolischen Waschritual unsere Füße reinigten.

Für unsere Pilgergruppe wurde an diesem Abend ein Gottesdienst in der Abteikirche gehalten. Deren architektonische Pracht überwältigte uns, nachdem wir die 24 Treppen und 291 Stufen zur romanischen Kirche erklommen hatten. In der Mönchsgemeinde des Saint-Michel spielte der Chorgesang immer eine große Rolle. Während die weiß gekleideten Nonnen und Mönche der Bruderschaft von Jerusalem ihre herrlichen Gesänge anstimmten, musste ich an die unsichere Weltlage denken, zumal bei der Bitte an den heiligen Michael: *Aidez-nous dans le combat contre les forces du mal* (Hilf uns im Kampf gegen die Mächte des Bösen).

Seite 172 – 173 und 175 Eine Gruppe von 500 Pilgern wandert südwärts von Bec d'Andaine über die Bucht zum Mont-Saint-Michel. Bei Ebbe weicht das Wasser rund 15 Kilometer zurück und hinterlässt eine weite Wattfläche, von tiefen Prielen durchschnitten.

Seite 176 Für die Pilger ein Gegenstand der Verehrung: Die Silberstatue des heiligen Michael in der Pfarrkirche auf dem Mont-Saint-Michel. »Der Fürst der himmlischen Heerscharen« nahm im mittelalterlichen Leben eine ganz besondere Stellung ein, galt er doch als Wärter der Paradiespforte.

Seite 177 Nach ihrem Fußmarsch durch die Bucht und einer rituellen Fußwaschung feierten die *Marcheurs des Chemins du Mont* einen Gottesdienst in der romanischen Abtei auf dem Gipfel des Berges, der auch *La Merveille*, das Wunder, heißt.

Seite 178 – 179 Der Felsen des Mont-Saint-Michel ist der letzte Überrest einer Bergkette, die sich vor über 600 Millionen Jahren bildete; der Felsen gilt seit langem als heiliger Ort. Das erste Heiligtum wurde dort im 8. Jahrhundert errichtet, die erste Kapelle wurde zwischen 900 und 930 n. Chr. erbaut und schon im Jahr 1000 hieß der Felsen »die Stadt Gottes«.

NUESTRA

SEÑORA DEL PILAR, SARAGOSSA

Seite 180 – 181 Wenn Tänzer und Gitarrenspieler während der *ofrenda de flores a La Virgen* vor der Basilika auftreten, übertönen die Kastagnettenklänge der Tänzer alles andere.

Seite 183 Für mich war die abendliche Zeremonie *El Rosario de Cristal* die bewegendste von allen Feierlichkeiten, wenn Reihen betender Pilger Kristallglassänften mit eingravierten farbigen Bildern der Madonna durch die Straßen tragen.

Seite 184 – 185 An den meisten Vormittagen kommt das Treiben in der Stadt durch die Parade der *comparsa de gigantes*, die Truppe der Riesen, zum Erliegen. Die fünf Meter hohen Figuren stellen König und Königin, Jesus und die Jungfrau Maria dar.

Seite 186 links Die Blumensträuße, die während der *ofrenda de flores* der Jungfrau Maria geopfert werden, werden zu einer riesigen Pyramide verwoben; ganz oben befindet sich ein Abbild der Jungfrau von Pilar.

Seite 186 – 187 Mitte In der Kapelle Johannes des Täufers wird ein Bild des gekreuzigten Christus aus dem 17. Jahrhundert von den Einwohnern Saragossas ganz besonders verehrt.

Seite 187 rechts Am Donnerstag der Festwoche wird ein Bild der Jungfrau von der Pfarrkirche San Pablo zur Basilika getragen. Die Prozession, die um fünf Uhr morgens stattfindet, nennt man den *Rosario de la Aurora*.

Seite 188 Vor der Iglesia del Sagrado Corazón versammeln sich Pilger mit Kerzen zum Laternenumzug.

Seite 189 Am vorletzten Tag des Festes strömen vom Morgengrauen bis in den späten Nachmittag 370 *cofradias* (Bruderschaften) von Pilgern mit ihren Gaben für die Jungfrau zur Plaza del Pilar. Es war für alle ein Freudentag.

Am Freitag der Festwoche kommen 300 000 Pilger in die Stadt. Sie tragen die *traje campesino,* die traditionelle Tracht der Bauern, und bringen Blumen als Gaben für die Jungfrau, ihren Beitrag zur überwältigend schönen *ofrenda de flores a la Virgen*. Von acht Uhr morgens an pilgern sie bis in den Nachmittag hinein zur Plaza del Pilar, und die Blumengaben werden zu einer riesigen, bis zu 15 Meter hohen Blumendecke gestapelt, die den weitläufigen Platz fast ausfüllt. In der folgenden Nacht ziehen weitere 300 000 Pilger in der traditionellen *traje aragonese* aus dem 18. Jahrhundert durch die Straßen der Stadt, die Frauen mit schwarzen Mantillen auf dem Kopf; sie tragen 28 riesige gläserne Rosenkränze – *rosarios del cristal.* Sie singen immer wieder aus voller Kehle »Ave, Ave, Ave Maria. Sancta Maria, Sancta Maria« und ziehen bei Kerzenlicht durch die Stadt zur Plaza. Dort machen sie vor der Basilika Halt, um der Madonna ihre Ehrerbietung zu erweisen. Die Kraft und Hingabe der Pilger während dieser Zeremonie muss jeden, der ihr beiwohnt, tief beeindrucken. Ich jedenfalls verließ Saragossa am nächsten Tag so hochgestimmt wie am ersten Frühlingstag.

SONG DAO, PHUKET

Oktober | THAILAND | Song Dao, Phuket

Anfang Oktober, im Morgengrauen des achten Tages des neunten Mondmonats nach dem chinesischen Kalender, erklomm eine Frau eine rund zwei Stockwerke hohe Leiter mit messerscharfen Sprossen und ihre Fußsohlen bluteten nicht einmal. Unweit davon lief eine andere Frau ebenfalls barfuß über glühende Kohlen, auch sie anscheinend ohne Schmerzen. Ein junger Mann starrte ausdruckslos ins Leere, ergriff dann wie in Trance ein Schwert und durchbohrte langsam seine Wange. Die Klinge des Schwertes drang glatt in sein Gesicht ein und kam auf der anderen Seite seines Mundes heraus – ohne dass er blutete.

Bei diesen erschreckenden Szenen sind weder Tricks noch Magie im Spiel; wir sind auf der Insel Phuket an der Westküste von Südthailand. Anlass ist das berühmte *Vegetarische Fest* der Stadt. Die Gläubigen, die diese scheinbar grausamen Akte von Selbstverstümmelung begehen, nehmen an der chinesischen *Song Dao*-Zeremonie teil, deren Rituale fast 160 Jahre alt sind. Selbstfolterung ist während des zehntägigen Festes ein normaler Anblick und die Leidenden glauben daran, sich damit Ansehen zu verschaffen; zugleich sollen diese Akte die Menschen von spirituellen Problemen befreien und ihnen ein sorgloses Jahr bescheren. Während des Festes tragen die Teilnehmer weiße Lendentücher und Kittel, reinigen ihre Körper durch Abstinenz von Sex und Alkohol und halten Meditationen in den beiden wichtigsten chinesischen Tempeln der Stadt ab. Sie nehmen nur vegetarische Speisen zu sich, die keine »scharfen« Aromen wie Knoblauch oder Chili enthalten und mit Küchengeräten zubereitet werden, die gläubigen Festteilnehmern gehören. Menschen in Trauer sind von der Teilnahme ausgeschlossen, ebenso wie schwangere oder menstruierende Frauen.

Das *Song Dao*-Fest findet zu Ehren der neun Kaiser-Götter statt, die das Schicksal der Menschen bestimmen. Zwar sind die Ursprünge nicht ganz geklärt, es soll aber um die Mitte des 19. Jahrhunderts unter der Herrschaft von König Rama V. entstanden sein, als hunderte von Chinesen als Arbeiter in die Zinnminen von Phuket strömten. In der neuen Umgebung vernachlässigten die chinesischen Einwanderer ihre Religion und etwa zur selben Zeit brach eine Malaria-Epidemie aus. Viele Mitglieder einer gastierenden Theatertruppe starben daran und die abergläubischen Schauspieler gaben den Minenarbeitern die Schuld am Ausbruch der Epidemie: Sie hätten ihre historischen Traditionen vernachlässigt. Ein Bote wurde nach China entsandt, um die neun Kaiser-Götter, *Kiu Ong Iah,* nach Phuket einzuladen. Nach drei Jahren kehrte er mit einer Urne Weihrauch auf die Insel zurück, den man bei einer Anrufungszeremonie in Südchina bereitet hatte. Im folgenden neunten Mondmonat wurde eine rituelle Feier für die *Kiu Ong Iah* bgehalten und die Epidemie kam zum Stillstand. Für die Minenarbeiter von Phuket bot *Song Dao* nicht nur eine Gelegenheit, die Götter zu ehren, sondern war auch Ausdruck ihrer Freude über das Überleben einer im 19. Jahrhundert tödlichen Krankheit. Die Rituale wurden zum alljährlichen Ereignis, und heute ist das Fest das größte in Thailand – für schwache Nerven allerdings nicht zu empfehlen.

Seite 190 – 191 Fromme Festbesucher, auf den Schultern eine Sänfte mit einem Götterbild, marschieren zum *Jui-Tui*-Tempel im Zentrum der Stadt Phuket.

Seite 193 Ein Gläubiger in Trance wird durch die Straßen von Phuket getragen.

Seite 194 – 195 Wie Furcht erregend die Folterinstrumente auch sein mögen, es fließt erstaunlicherweise kein Blut, und dieser junge Mann scheint tatsächlich wenig Schmerz zu empfinden.

Seite 196 Zwar sind die meisten Gläubigen, die sich den Körper durchstechen, Männer, aber auch Frauen nehmen an diesem unheimlichen Ritual teil.

Seite 198 Die größeren Götterbilder werden in Sänften zum Tempel getragen, aber die Menschen bringen auch ihre Hausgötter zum Segnen mit.

Seite 199 In einem der kleineren Tempel hat sich eine Priesterin in Trance versetzt; kurze Zeit später, als ihr Trommeln sich zum Höhepunkt steigert, bricht sie in den Armen ihrer Anhängerinnen zusammen.

Seite 200 – 201 Als eine Sänfte am Tempel eintrifft, erreicht die Erregung ihren Höhepunkt; selbst der sintflutartige Regen kann nicht die Explosion der Knallkörper dämpfen, mit denen sie begrüßt wird.

林府王爺

Während des Festes werden ohrenbetäubende Salven von Knallkörpern gezündet, um die bösen Geister zu vertreiben, Becken und Gongs kündigen den täglichen Zug der Gläubigen durch das Stadtzentrum an. Dies ist eine Szene von gruseliger Faszination, denn manche Menschen haben monströs große Teile durch ihre Gesichter gebohrt. Ich sah einen, dem zwei Gewehrmodelle in den Wangen steckten, bei einem anderen war es ein ganzer Ast und einem Dritten durchbohrte eine lange Stange die Wangen, die noch mit Äpfeln beschwert war und von Helfern gestützt wurde.

Aber diese unglaublichen Bilder sind nicht das einzig Interessante an *Song Dao*. Am achten Tag des Festes stehen im Hof des *Jui-Tui*-Tempels dicht gedrängt Sänften mit Götterbildern, die von jungen, weiß gekleideten Männern auf den Schultern getragen werden. Plötzlich marschierte ein Mann in den Tempel, das Gesicht von einer Stange durchbohrt, der Körper schweißglänzend. Tempeldiener legten ein großes Stück Goldfolie auf seine Wangen, das in einem Gebräu mit Kokosöl getränkt worden war, und zogen die Stange langsam heraus; es floss praktisch kein Blut. Sofort ging der Mann zum Altar, schlug mit den Handflächen darauf und rief »Bai!« – ein altchinesisches Wort, dessen Bedeutung offenbar niemand, am allerwenigsten der Gläubige selbst, kennt. Andere Tempeldiender schlugen frenetisch auf Tempeltrommeln und Becken ein; der Lärm war ohrenbetäubend. Der Kopf des Mannes begann zu wackeln, Schaum stand ihm vor dem Mund, sein Körper zuckte, seine Augen drehten sich nach oben – er war besessen, aber die bösen Geister hatten seinen Körper verlassen. Dann wurde er ohnmächtig und fiel schlaff in die Arme der Diener. Einige Augenblicke schien es, als habe sein Herz aufgehört zu schlagen; er rührte sich überhaupt nicht. Dann begannen die Tempelbediensteten, sein Gesicht zu tätscheln, und ganz langsam öffneten sich seine Augen, auch wenn er noch betäubt wirkte, verwirrt und ohne Wahrnehmung für seine Umgebung. Dieses Austreibungsritual wiederholte sich den ganzen Tag über wieder und wieder; hunderte von Gläubigen betraten den Tempel, um sich der Geister zu entledigen. In allen Fällen hinterließ die Durchbohrung, wie extrem sie auch sein mochte, praktisch kein Blut und keine Narben. Wer sich solchen Ritualen unterzieht, sieht sich dabei als Medium für die Götter.

Am Abend des letzten Tages des *Song Dao* strömen nach einer weiteren Parade und unter dem Lärm der Knallkörper Priester und Gläubige aus Phukets Tempeln und marschieren zum letzten Teil des Festes an den Ozean. Sie tragen die heilige Urne der *Kiu Ong Iah*. Um Mitternacht verabschieden sie sich unter Gebeten von den zu Besuch weilenden Göttern und verstreuen deren Asche feierlich ins Meer. Wenn die Asche von der Flut weggespült wird, beginnen die neun Kaiser-Götter ihren Aufstieg zum Himmel – sie haben Phuket für ein weiteres Jahr gesäubert und gereinigt.

Coca-Cola

Coca-Cola

九皇大

PHAUNG DAW U, INLE-SEE

Oktober | BURMA | Phaung Daw U, Inle-See

Es goss in Strömen an diesem Tag. Nyaung Shwe, das Tor zum Inle-See, war überschwemmt, und die Dorfbewohner wateten bis zum Bauch im Wasser – keiner konnte sich erinnern, dass die Straßen durch das Dorf jemals so überflutet gewesen wären. »Liegt alles an der globalen Erwärmung«, sagten sie, denn dies war eigentlich die Trockenzeit. Auf den wenigen Straßenabschnitten über den Fluten traten Radfahrer mühsam in die Pedale und hielten Regenschirme über dem Kopf; das einzige andere Transportmittel, das noch funktionierte, waren drahtige Ponys, die viersitzige Kutschen mit einem kleinen Dach zogen. Als die Regengüsse kurzzeitig nachließen, kletterten wir in ein langes, schmales Kanu und fuhren mit Motorkraft durch einen engen Kanal nach Süden, unser Gepäck im Bug festgebunden. Gelegentlich überholten wir kleinere Kanus, die bis an die Wasserlinie mit reifenden Tomaten beladen waren und vom Heck aus gerudert wurden. Der bizarre Ruderstil der Dorfbewohner hat sich durch ihre am Wasser orientierte Lebensweise entwickelt. Die meisten verdienen ihren Lebensunterhalt durch Fischen oder sie bauen Blumen und Gemüse in »schwimmenden« Gärten an, die aus Wasserpflanzen, Schlamm und Wasserhyazinthen bestehen und mit Bambusstangen auf dem Seegrund verankert sind. Da die Dorfbewohner zum Rudern nur ein Bein benutzen, haben sie Hände und Arme frei, um Fischernetze auszuwerfen oder ihre schwimmenden Agrarprodukte zu pflegen. Rudyard Kipling schrieb in seinen »Letters from the East« (1898): »Dies ist Burma, und es wird ganz anders sein als jedes andere Land, das du kanntest.« Und er hat Recht. Am Ende des Kanals kamen wir plötzlich an einen See, dessen Schönheit uns blendete. Er war rechts und links von Bergen gerahmt, im glitzernden Wasser spiegelten sich Wolkenberge und die Sonne brach durch.

Der Inle-See ist die Heimat der eingeborenen *Intha* (»Söhne des Sees«), die im ausgehenden 14. Jahrhundert aus dem südöstlichen Burma hierher eingewandert sein sollen. Heute leben 80 000 von ihnen in etwa 64 über den See verstreuten schwimmenden Dörfern. Wo ich auch hinsah, zierten *paya* die Landschaft, deren goldene Dächer im Sonnenschein glitzerten. Rund um den See gibt es wahrscheinlich an die 1 000 dieser pagodenartigen Tempel, dazu 100 bewohnte *kyaung* (Mönchskloster), von denen 23 am Fest von *Phaung Daw U* teilnehmen. Das Fest dauert 18 Tage während des Vollmonds von *Thadingyut*, der in den Zeitraum von September bis November fällt. Dieses Fest gibt es zwar seit Jahrhunderten, aber niemand weiß genau, seit wann es stattfindet. Unser junger Führer, Toe Aung Than, der ansonsten jeden Aspekt des Sees und seiner Anwohner genau kannte, wusste lediglich, dass der Zeitplan von Generation zu Generation weitergegeben wird.

Gegenstand der Verehrung sind für die Intha fünf Statuen, die im *paya* von Phaung Daw U stehen, einem der drei heiligsten Schreine von Burma. Drei davon stellen Buddha dar, die anderen beiden Schüler von ihm; sie sollen aus Sandelholz geschnitzt sein und dem burmesischen König Alaungsithu von den Göttergeistern der *nat* geschenkt worden sein. Über Jahrhunderte haben die Gläubigen Blattgoldstücke daran geheftet, und die Goldschicht ist so dick, dass keine Schnitzspuren mehr erkennbar sind.

Das Fest bietet allen »Söhnen des Sees« Gelegenheit, diesen Standbildern Ehre zu erweisen, da sie jeden Tag in einem riesigen goldenen *karaweik,* einer Kopie einer alten burmesischen königlichen Zeremonialbarkasse in Form eines Schwans, zu einem anderen Kloster gebracht werden. Vor einigen Jahren kenterte der *karaweik* in der Mitte des Sees, und nur vier der Statuen wurden gerettet. Als die betrübten Dorfbewohner diese zum Tempel zurückbrachten, fanden sie zu ihrem Erstaunen die fünfte dort bereits auf ihrem Sockel – bedeckt von Wasserpflanzen. Seit diesem Wunder verbleibt die fünfte Statue stets im Tempel und fungiert während der alljährlichen Fahrten auf dem See als »Wächter«. Eine hohe Säule im See, gekrönt vom Kopf eines goldenen Schwans, *shwe hintha,* bezeichnet die Stelle, an der sich die Katastrophe beinahe ereignet hätte.

Der *karaweik* zieht hinter einer langen Prozession auf dem Wasserweg von Kloster zu Kloster. Zuerst kommen die schlanken langen *hley,* die von etwa 46 Mann mit den Beinen gerudert werden. Diese Boote ziehen weitere mit Tänzerinnen und Sängerinnen hinter sich her, deren Gesänge die Ankunft zweier *karaweik* ankündigen, wobei das kleinere als eine Art Partner des größeren fungiert. Zum Schluss kommt die große Zeremonialbarkasse, vom Bug bis zum Heck mit Blattgold bedeckt, an Bord die vier heiligen Statuen unter einem Dach aus weißen Schirmen. Sie legt an jedem größeren *kyaung* so lange an, dass sämtliche Mönche und Dorfbewohner den goldenen Standbildern ihre Opferspeisen darbringen können. Das Kloster von *Ngaphe* ist nicht nur als besonders schönes Beispiel für eine Teakholzkonstruktion aus dem 19. Jahrhundert bekannt, sondern auch wegen zahlreicher Katzen, denen die Mönche beigebracht haben, durch Reifen zu springen – es wird auch das Kloster der springenden Katzen genannt.

Die Fahrten der *karaweik*-Prozession waren farbenfroh und von heiterer Schönheit, aber die Festlichkeiten am letzten Tag vor dem Tempel von *Phaung Daw U* stellten alles Vorangegangene in den Schatten. Bereits im Morgengrauen waren hunderte von Kanus, zum Bersten gefüllt mit Dorfbewohnern in vielfarbigen Turbanen, an den besten Plätzen festgemacht. »Die Farben der Hügelbewohner, die das Fest besuchen«, schrieb Sir George Scott im 19. Jahrhundert, »sind wie Tulpenbeete im Wind.« Beständig setzten Boote Mönche am Steg des Tempels ab oder drängelten sich um die Anlegeplätze, und an Ständen wurde jedes erdenkliche religiöse Rüstzeug verkauft, darunter kleine Blattgoldquadrate zu 100 kyat, um sie den Statuen nach ihrer letzten Reise anzuheften. Eine spürbare Erregung lag in der Luft, als die vier Statuen für die nächsten zwölf Monate zum Tempel zurückkehrten.

Und dann kam der lange erwartete Augenblick. Ein *hley* mit 30 Tänzerinnen in karmesinroten Gewändern war das erste Boot, gefolgt von einem noch längeren, gerudert von rund 50 Frauen mit pinkfarbenen Girlanden, deren grüne Ruderspitzen einen feinen Sprühregen aufwirbelten, wenn die Blätter die Wasseroberfläche durchschnitten. Dann erschien der goldene, schwanenförmige Bug des *karaweik,* geschleppt von einer Flotte der längsten *hley,* die ich je gesehen habe, jedes von etwa 100 Mann Besatzung gerudert. Zum lauten Klang von Xylophonen und Trommeln glitt das *karaweik* langsam neben dem Anleger des Tempels in Position. Bei der Beschreibung dieser schönen Szenen ist mir durchaus bewusst, wie fragwürdig ein Land mit einem diktatorischen Militärregime zu betrachten ist, ich sehe aber auch, dass diese Zeremonien den ursprünglichen Glanz widerspiegeln, der einst so typisch für das königliche Leben in Burma gewesen sein muss.

Seite 202 – 203 Ein Großteil des Inle-Sees ist von »schwimmenden Gärten« bedeckt. Ein langes *hley*, das durch einen der vielen schmalen Kanäle gerudert wird, wirkt wie eine Fata Morgana.

Seite 205 An jedem der 18 Tage des Festivals wird der *karaweik*, der die heiligen Bilder zum nächsten Kloster am See transportiert, von spektakulären Prozessionen angekündigt.

Seite 206 – 207 Die hohen Gräser, die leise im Wind schaukeln, scheinen die anmutigen, fließenden Bewegungen der Tänzer nachzuahmen.

Seite 209 oben Um sich einen guten Platz zu sichern, machten die Dorfbewohner ihre Kanus jeden Tag schon Stunden vor der Ankunft des goldenen *karaweik* fest.

Seite 209 unten Die heiligen Statuen am See sind mittlerweile überhaupt nicht mehr als buddhistische Standbilder zu erkennen, denn die »Söhne des Sees« haben sie als Zeichen ihrer Verehrung mit zahllosen Blattgoldplättchen bedeckt. Außerdem wischen sie mit kleinen roten oder gelben Tüchern darüber, die sie bis zum nächsten Fest als Talisman aufbewahren.

Seite 210 – 211 oben Ich wohnte in einem Pfahlbau mitten im See, und als ich frühmorgens am letzten Festtag auf dem Balkon saß, sah ich dieses *hley* langsam auf dem Weg zur *paya* vorbeigleiten.

Seite 210 – 211 unten Die Ruderweise der *Intha* ist einmalig. Bei ihrem »Beinrudern« schlingen sie ein Bein um das Ruder und treiben damit so ihr *hley* nur mit den Beinen voran, häufig in beachtlichem Tempo; die Arme dienen lediglich dazu, das Ruder im Gleichgewicht zu halten.

Seite 212 – 213 Der Höhepunkt des Festes: Der *karaweik* mit seiner heiligen Fracht kehrt zur *paya* von *Phaung Daw U* zurück.

GALUNGAN-KUNINGAN, BALI

November | INDONESIEN | **Galungan-Kuningan, Bali**

Als ich vor meinem Bali-Besuch für dieses Fest recherchierte, war die instabile politische Lage auf der indonesischen Insel Osttimor noch nicht geklärt, und ich versuchte herauszufinden, ob die Probleme womöglich auf Bali übergreifen und die Feierlichkeiten beeinträchtigen würden. Bald entdeckte ich, dass die Balinesen ihre Insel nicht als Teil Indonesiens ansehen – Bali gehört den Göttern! Die von den Balinesen praktizierte Hindu-Religion unterscheidet sich jedoch von der indischen – so spiegelt die wechselhafte Geschichte der Insel sich in einer Mischung aus hinduistischem, buddhistischem, javanischem und altem Eingeborenenglauben. Verehrt werden Brahma, Ganesh, Shiva und Vishnu, die meisten Heiligtümer sind jedoch den Göttern und Geistern rein balinesischen Ursprungs gewidmet. Es gibt einen festen Glauben an Magie, auf der die Macht der Geister beruht. Die guten Geister wohnen in den Bergen, die Menschenfresser und Dämonen kommen aus dem Meer.

Bali ist eine relativ kleine Insel – nur rund 130 Kilometer lang und 80 Kilometer breit –, beherbergt aber etwa 100 000 Tempel, auf die man überall trifft, von den dschungelbewachsenen Bergspitzen bis zu den palmengesäumten Stränden. In jedem Dorf stehen ihrer mindestens drei. Der *pura puseh,* der »Tempel des Ursprungs«, ist zu den Bergen ausgerichtet und den Gründern des Dorfs geweiht. Der *pura desa* liegt in der Dorfmitte und ist dem Wohlergehen der Einwohner gewidmet, und der dritte, der *pura dalem,* liegt zur See hin und ist den Geistern der Toten geweiht. Fast jedes Haus hat zudem seinen eigenen Altar, und in den meisten Dörfern finden sich weitere Stätten der Geister des Ackerbaus und der Kunst. Opfergaben spielen im balinesischen Leben eine bedeutende Rolle; sie sollen die Götter besänftigen und der Familie Gesundheit und Wohlstand bescheren. Täglich tragen Gläubige *canang sari,* kleine Tabletts mit symbolischen Lebensmitteln, Blumen und Geld in die Tempel oder stellen sie vor Häusern und sogar an Straßenkreuzungen auf.

In Bali gibt es mehrere bedeutende religiöse Stätten, vor allem *Pura Besakih*, ein Komplex mit 60 Tempeln hoch oben in den Wolken an den Hängen des heiligen Vulkans Gunung Agung.

Es gibt Feste für alle Gelegenheiten – für Geburten, Hochzeiten, Zahnarztbesuche, Reis pflanzen und anhaltenden Regen abwenden – und natürlich zu Ehren der Götter. Das Tourismusbüro gibt jährlich einen Kalender heraus, in dem jedes Tempelfest und jeder heilige Tag auf der Insel aufgeführt sind, und davon gibt es mindestens 200 – pro Monat. Es kann kompliziert sein, den genauen Tag und Ort herauszufinden, denn die Inselbewohner leben nicht nur nach dem zwölfmonatigen Mondkalender, sondern auch nach einem eigenen *wuku*-Kalender von 210 Tagen, nach dem alle sieben Monate das neue Jahr gefeiert wird. Ich war wegen des großen Festes *Galungan-Kuningan* nach Bali gereist. An den ersten fünf Tagen wird der Sieg der Tugend, *Dharma,* über das Böse, *Adharma,* vor dem *Galungan*-Tag gefeiert, an dem die Geister der Ahnen auf die Erde niedersteigen, um die Häuser der Nachkommen zu besuchen. Der zweite Teil, zehn Tage später, ist das Fest *Allerseelen,* an dem die Geister der Vorfahren und die Götter in ihren himmlischen Wohnsitz zurückkehren.

Seite 214 – 215 Es gibt auf Bali schätzungsweise 100 000 Tempel, und in fast jedem findet während der zehn Tage des *Galungan-Kuningan* ein Fest statt. Dieser Tempel liegt hoch oben auf dem heiligen Vulkan Gunung Agung.

Seite 217 Die Frauen, die symbolische Opfergaben von Speisen und Blumen zu einem der vielen Tempel auf dem Gunung Agung bringen, wirken wie farbige Blüten vor der dicken Wolke, die den Gipfel dieses aktiven Vulkans einhüllt.

Seite 218 – 219 Jeder Tempel ist von *penjor* umgeben – langen, fröhlich geschmückten Bambusstangen. Je höher die *penjor,* desto größer ist die Chance, dass die Götter sie sehen können.

Seite 220 Balinesische Frauen sind Meisterinnen im Aufbau von *pabanten,* jenen kunstvoll arrangierten Speisenpyramiden, die man den Göttern als Opfer darbietet.

Seite 221 oben In den größten Tempeln der Insel spielt während der Zeremonien ein *Gamelan*-Orchester. Ein solches Orchester kann aus bis zu 40 Musikern bestehen.

Seite 221 unten Der *wahi* wird für die Götter getanzt, nicht für Zuschauer, und ich hatte großes Glück, dass ich diese Tänzerinnen sah, die inmitten von Weihrauchschwaden im Innenhof ihres Dorftempels auftraten.

Seite 223 Die Dorfmädchen haben die Hände zum Gebet erhoben und der *permangku,* der Dorfpriester, besprengt sie mit geweihtem Wasser.

KARTIKA PURNIMA, PUSHKAR

November | INDIEN | **Kartika Purnima, Pushkar**

»Der Gott Brahma war betrübt, weil er auf der Erde keinen eigenen Platz besaß, wie ihn andere Götter haben ... Nachdem er das gedacht hatte, sprach er ›Managal Ho‹ und warf eine Lotusblüte auf die Erde. Die Blüte fiel auf drei Stellen, und an allen drei Stellen entsprang heiliges Wasser. Dann sagte der Gott Brahma, diese drei Stellen sollten Pushkar heißen ... Weiter sprach er, diese drei *kunds* (Seen) sollten dafür berühmt werden, dass sie die Sünder von Sünden reinwaschen. Da Brahmaji die *pushpa* (Blüte) mit seiner *kar* (Hand) warf, gab er diesem Ort den Namen Pushkar.« So erklärt Mohan Lal Goyal im offiziellen Stadtführer »A Place of Lord Brahma – the Holiest Place of the Hindus« die Entstehung von Pushkar. Pushkar liegt nordwestlich der im 7. Jahrhundert gegründeten Stadt Ajmer in Rajasthan; man gelangt über eine malerisch gewundene Straße dorthin, die durch den Nag Pahar, den Schlangenberg, führt. Pushkar, bekannt als »Wohnort aller Götter«, war schon im 4. Jahrhundert v. Chr. ein Wallfahrtsort. Das genaue Datum ist zwar nicht bekannt, aber dem Stadtführer zufolge wird es bereits »in den ältesten religiösen Schriften der Hindus« erwähnt.

Ein Bad an jeder der *tirthas,* der heiligen Stätten Indiens, wäscht die Sünden fort, aber nur der See in Pushkar – der heiligste von ganz Indien – und ein *darshan* (eine Audienz bei einem Guru) »machen einen Sünder frei von allen Todsünden; an diesem Ort zu sterben bringt Heil«. Besonders wirksam ist ein Bad bei Vollmond und am besten während der *Kartika Purnima,* dem Zeitraum von fünf Tagen vor dem Novembervollmond, denn der Gott Brahma hat erklärt: »Während dieser fünf Tage werden alle Götter in Pushkar zugegen sein und die Menschen segnen.«

Deshalb wird dann in der Stadt am See eine gigantische *Mela* (Kirmes) aufgebaut, um die Hunderttausende, die an den Badezeremonien teilnehmen, zu verpflegen, auszustatten und zu unterhalten. Bei meinem Besuch gab es ein Riesenrad, einen Zirkus, »den großen Mayani-Magier« und Transvestiten als Go-Go-Tänzer in Bikinioberteilen, deren Zähne und Münder knallrot gefärbt waren durch das ständige Kauen von Betelblättern. An den Ständen wurden Berge von Quilts, Decken, Tüchern, Schals, Stangen, Äxten, Kochutensilien und Getränken verkauft, und es gab ganze Verkaufsstraßen mit Kamel- und Pferdesätteln, Gürteln, Zaumzeug und Glasperlen zum Schmuck der Tiere. Puppentheater, Hypnotiseure und Kegelspielstände, an denen man sein Glück beim »Gam of Sikl« versuchen konnte trugen zur Unterhaltung bei. Auf einer uralten 8-mm-Ausrüstung wurden alte BBC-Naturdokumentationen ohne Ton vorgeführt, und ein unbemannter Traktor, der endlos seine Runden drehte, wurde von den Besuchern wie gebannt verfolgt. Ein *Mela*-Magistrat und -Gerichtshof standen bereit, um etwaige Streitereien bei den zehntausenden von geschäftlichen Transaktionen zu schlichten, die Tag und Nacht abliefen. Außerhalb dieser Handelszone gab es einen weiteren Markt, einen Viehmarkt: Ochsen, Schafe, Pferde, Ziegen und Kamele – tausende von letzteren, angebunden oder mit Fußfesseln, so weit das Auge reichte. Von allen Kamelen Indiens leben 85 Prozent in Rajasthan, und die meisten davon schienen in Pushkar versammelt zu sein.

Man konnte Zuchtkamele kaufen, Rennkamele, Reitkamele oder einfach Zugtiere für den Karren, der das verbreitetste Transportmittel der Region ist. Ein ausgewachsenes Kamel kostete etwa 7 000 Rupien, für 30 Rupien pro Tag war eines zu mieten. Gegen Abend sammelten die Frauen und Kinder Kameldung als Brennstoff für die Feuer, um die sich die Kamelbesitzer hockten und ihre Abendmahlzeit bereiteten. Nach dem Geschäftsaufkommen zu urteilen hatte es den Anschein, als hätten weltliche Aktivitäten die religiöse Natur der Versammlung verdrängt. Aber es gäbe keine *Mela* ohne die tausenden von Pilgern, die per Zug, Lastwagen, Kamelkarren oder zu Fuß anreisen, um im See zu baden und »*puja* zu tun«, Akte der Gottesverehrung.

Rund um den See in Pushkar gibt es 53 *ghats,* Badezonen, die man über steile Steintreppen erreicht. Sie wurden im Lauf der Zeit von Königen und Kaisern erbaut und haben unterschiedliche religiöse Bedeutung. Ich ging durch die Stadt und hinunter zum See durch Massen von Dorfbewohnern, die an zahllosen Ständen feilschten, und sah, wie die Pilger in einem unablässigen Strom zu den *ghats* hinunterstiegen. Männer und Frauen legten bis auf ein Lendentuch alles ab, bevor sie sich ins Wasser begaben. Während der fünf Tage der *Kartika* tauchen die Pilger täglich am frühen Morgen oder in der Abenddämmerung ins Wasser, dieses Jahr war die günstigste Stunde jedoch zwischen vier und fünf Uhr am Morgen des Vollmondtages selbst, dem letzten Tag der *Mela.*

Am Tag davor trafen immer mehr Pilger ein; nach Schätzung der Lokalzeitung kamen allein an diesem Tag zwei oder drei *lakh* (ein *lakh* sind 100 000) in die Stadt. Seit der Abenddämmerung hörte man ein endloses Singen und Glockenläuten, das zu einer anhaltenden Klangwolke verschmolz und sich im Morgengrauen noch steigerte. Einen Kontrapunkt bildete das rasselnde Gurgeln der Kamele in den Dünen, die für ihr Tagewerk gesattelt wurden.

Im ersten Morgenlicht ging ich hinunter zum See und wurde sofort von der Menschenmenge mitgerissen, die zu den *ghats* drängelte. Ich kam vorbei an *sadhus* (heiligen Männern), die mit gekreuzten Beinen in Eingängen saßen, einer Erscheinung des Affengottes Hanuman, verwachsenen Ochsen und, neben anderem Groteskem, an einem anscheinend leblosen Torso. Er war bedeckt mit weißer Asche und mit pinkfarbenen Punkten bemalt, neben ihm stand eine Essschale, in die die Pilger Nüsse und Beeren legten. Angeblich gab es ein Einbahnsystem, das aber nicht funktionierte. Nahe einem der wichtigsten *ghats* erreichte das Gedränge ein Ausmaß, dass eine Katastrophe unausweichlich schien. Alsbald war aber unter den Pilgern Ordnung und Disziplin wieder hergestellt, und der Menschenstrom bewegte sich ungefährdet zum Wasser hin.

Am See wimmelten die *ghats* von sich waschenden Gläubigen, wer jedoch schwimmen konnte, befand sich weiter draußen und machte *puja,* indem er auf- und abtauchte wie eine Ente im Teich. Oben an den Treppen boten heilige Männer für eine oder zwei Rupien ein kurzes Mantra an, um den Reinigungsprozess zu komplettieren, ebenso hielten sie Schälchen mit Pulver bereit, um die *tilak*-Marke auf der Stirn zu erneuern, die sich im See abgewaschen hatte.

Gegen die Mittagszeit war der Pilgerstrom beinahe versiegt. In den Dünen warteten noch mehrere hundert Kamele mit Fußfesseln, aber die tausende vom Vortag waren wieder durch die Wüste entschwunden. Das Riesenrad drehte sich noch, die Go-Go-Tänzer wirbelten immer noch vor einem geschrumpften, aber nach wie vor begeisterten Publikum, und die Mela-Polizei berichtete, es seien nur drei Pilger im See ertrunken.

Seite 224 – 225 Die Szene, die sich mir frühmorgens am See bot, könnte ein Filmregisseur wohl kaum besser erfinden.

Seite 227 Neben den *ghats* sitzt ein *sadhu* oder heiliger Mann und wartet auf Pilger, die sich durch ein *darshan* mit ihm von allen Todsünden reinigen wollen.

Seite 229 oben Die Frauen von Rajasthan haben einen angeborenen Sinn für Stil und Farbe und ein großes Fest bietet ihnen Gelegenheit, ihre schönsten Schmuckstücke und Accessoires anzulegen.

Seite 229 unten Diese Gruppe von Schaustellern am Straßenrand war auf dem Weg zum riesigen Kamelmarkt von Pushkar, der gleichzeitig mit dem religiösen Fest *Kartika Purnima* stattfindet.

Seite 230 – 231 Überall auf dem *mela*-Platz sieht man am späten Nachmittag junge *Rajasthani*-Frauen beim Tanz, und es bilden sich große Menschentrauben, die diesen spontanen Darbietungen zuschauen.

Seite 232 Professionelle Eunuchen-Tanztruppen reisen das ganze Jahr über von Kirmes zu Kirmes.

Seite 233 Diese menschliche Personifizierung des Affengottes Hanuman sah ich in einer Seitenstraße an einem der *ghats*. Hanuman repräsentiert selbstlose Hingabe.

Seite 234 Zwar gehört Pushkar zu den heiligsten Stätten Indiens, aber der Kamelmarkt, der gleichzeitig mit den heiligen Zeremonien abgehalten wird, ist der größte in Indien. Während der *Kartika Purnima* wechseln hier tausende von Kamelen den Besitzer.

Seite 235 Bei Einbruch der Dämmerung rüsten sich diese Kamelhändler mit ihrer Herde für eine Nacht in der Wüste.

Seite 236 – 237 Dies ist kein Standfoto aus Hollywood; solche Bilder sind während des Festes in Pushkar jede Nacht zu sehen.

NUESTRA SEÑORA DE

GUADALUPE, SIERRA TARAHUMARA

Dezember | MEXIKO

Nuestra Señora de Guadalupe, Sierra Tarahumara

Den ganzen Tag über waren Familien auf dem kleinen Platz der *ranchería* eingetroffen. Dicke Wolldecken über den Schultern, Speere und Stöcke in den Händen, so saßen sie ruhig am Boden in der Sonne und bereiteten sich auf einen langen Tag und eine lange Nacht des Trinkens und Feierns vor.

Es war der 12. Dezember, der Tag *Unserer Lieben Frau von Guadalupe (Nuestra Señora de Guadalupe)*, eine Erscheinung der Jungfrau Maria, die sich 1531 dem mexikanischen Indio Juan Diego gezeigt hatte. Der Ehrentag dieser Schutzheiligen Mexikos wird überall im Land gefeiert. Ich hatte das Glück, auf Einladung des Instituto Nacional Indigenista – einer Organisation für Indianerangelegenheiten –, einige Wochen bei den *Tarahumara* zu verbringen, und erlebte das Fest auf 2750 Meter Höhe in der Sierra Tarahumara, in dem abgelegenen Dorf Norogachi.

Die *Mestizos* – Mexikaner spanisch-indianischer Abstammung – bezeichnen sie als *cimarrones* (wilde Tiere), sie selbst hingegen nennen sich in ihrer uto-aztekischen Sprache *Rarámuri*, Fußläufer. Vor rund 20 000 Jahren wanderten ihre Vorfahren aus Asien über die Beringstraße ein; in der Sierra Madre des westlichen Chihuahua leben sie seit etwa 2 000 Jahren. Heute zählen sie wahrscheinlich keine 50 000 mehr; sie bewohnen ein Bergland, das von großartigen *barrancas* (Canyons) durchschnitten ist, manche davon sind über 1 500 Meter tief. Aufgrund dieser ebenso isolierten wie unwirtlichen Umgebung konnten sie ihre Lebensweise nahezu unverändert bewahren. Man hatte mir gesagt, die *Tarahumara* sprächen nicht gern über sich, zumal nur wenige Erwachsene das Spanische beherrschen. Seltsame Geschichten kursieren über sie: Sie seien mysteriöse Höhlenbewohner, die Wächter längst vergessener Gold- und Silberminen, Läufer mit übermenschlichen Fähigkeiten.

Die Topographie der Gegend bringt es mit sich, dass viele tatsächlich in Höhlen leben, vor allem im Winter. Auf diesem bergigen, größtenteils unerschlossenen Gelände sind selbst Pferde als Transportmittel wertlos, obwohl ihr Besitz prestigeträchtig ist. Ein *Tarahumara* läuft also zumeist zu Fuß – häufig beträchtliche Strecken.

Jeder junge *Tarahumara* will ein großer Läufer werden. Durch das Hüten von Ziegen und Schafen auf den Klippen ist er von Kindesbeinen an immer in Bewegung, aber eigentlich trainiert er für *rarájipari* – das Tretball-Rennen. Es findet in warmen Sommernächten über eine Entfernung von bis zu 200 Kilometer statt. Dabei ist die Laufbahn von Kiefernfackeln erleuchtet, und es wird hoch gewettet – vor allem von den Läufern selbst. Bei diesem Spiel zwischen zwei Mannschaften geht es darum, den Ball als Erster über die Ziellinie zu bringen, wobei man diesen nicht berühren darf. Daher geben die Läufer ihn wie Fußballer weiter und heben ihn mit den Zehen leicht an (was besonders beim Überqueren von Wasserläufen wichtig ist). Ich fragte einige Kinder, ob sie es mir zeigen könnten. Die beiden Mannschaften aus Sechsjährigen verschwanden bald einen steilen Weg hinunter und kehrten nach einer halben Stunde zurück, in der sie etwa sieben Kilometer gerannt waren!

Seite 238 – 239 Diese Mädchen kamen hoch oben aus der Sierra, um am abendlichen Fest in Norogachi teilzunehmen. Zu ihrer Winterkleidung gehören ein Stirnband, um die Haare zusammenzubinden, eine weite Bluse, eine Schärpe, die die weiten Röcke hält, die so genannte *sipucaka,* und eine dicke Decke um die Schultern.

Seite 241 Musik spielt bei der *tesgüinada* eine wichtige Rolle, und alle Instrumente werden von den Indianern selbst hergestellt. Dieses Paar wartete am Straßenrand auf einen Lastwagen, der sie zur *ranchería* mitnahm.

Seite 242 – 243 *Matachines* treten vor der Kirche in Norogachi auf. Über ihrer Alltagskleidung tragen sie einen bis zu den Knien reichenden Umhang, auf dem Kopf eine Krone aus Baumrinde. Bunte Strümpfe und Stiefel machen die hausgemachte Festkleidung komplett – dies ist eine der wenigen Gelegenheiten, bei denen ein *Tarahumara* nicht Sandalen aus alten LKW-Gummireifen an den Füßen trägt.

Seite 244 oben Die *matachines* tanzen mindestens eine Stunde ohne Unterbrechung und schlagen mit ihren Rasseln den Takt, während die Geiger zur Begleitung immer dieselben musikalischen Phrasen wiederholen.

Seite 244 unten Die *Tarahumara* benutzen seit Mitte des 18. Jahrhunderts Saiteninstrumente, und diese primitiven, aber klangvollen Geigen werden bei den meisten *Fiestas* gespielt.

Das Leben der *Tarahumara* ist einfach: Das meiste, was sie brauchen, produzieren sie selbst, und da sie ihre Produkte bei Bedarf gegen andere tauschen, benötigen sie kaum Geld. Der Jesuitenpater Joseph Neuman, der von 1681 an 50 Jahre bei ihnen lebte, beschrieb sie als »von schlichter Natur und ungehobelt; dunkelhäutig, aber nicht schwarz; von guter Größe und stabil gebaut, aber äußerst arbeitsunwillig. Sie gehen stets mit Pfeil und Bogen bewaffnet einher, und dies sind ihre einzigen Waffen. Ihre Pfeile sind mit tödlichem Gift getränkt ... und sie sind bei den anderen Stämmen sehr gefürchtet ... sie legen eine faule Gleichgültigkeit gegen alles Gute an den Tag, unbegrenzte sinnliche Begierde, eine unwiderstehliche Neigung zur Trunksucht ...«

Der Bogen wird heute weitgehend durch Wurfstock und Axt ersetzt, aber Massentrunkenheit bei den so genannten *tesgüinadas*, ist immer noch das Wichtigste im Leben eines *Tarahumara*. Schon vor 400 Jahren lehnten die Jesuitenpatres diesen Bierkult ab, aber das Trinken von *tesgüino*, Bier aus vergorenem Mais, bildet nach wie vor den Mittelpunkt des sozialen und ökonomischen Lebens. Um die *Tarahumara* auch nur annähernd zu verstehen, so sagte man mir, müsse ich versuchen, ihr Bedürfnis nach jenen Trinkgelagen zu begreifen, die so berüchtigt und wichtig für ihre Lebensweise sind. Deshalb solle ich unbedingt an einer *tesgüinada* teilnehmen.

Mein spanisch sprechender Führer José-Maria brachte mich zum *Rancho* – einer Gruppe von etwa 20 Familien – von Caborachi. In der abgelegenen Ansammlung roh gezimmerter Hütten angekommen, begriff ich erst angesichts der zahlreichen auf dem Weg liegenden Körper, dass eine *tesgüinada* im Gange war. Einige schnarchten laut, ein kleines Baby trank an der Brust seiner schlafenden Mutter. Und dann wurde die Stille auf dem Plateau durch Musik aus einem winzigen Holzschuppen zerrissen. Im Inneren reichten etwa 20 Menschen Kürbisflaschen voller *tesgüino* herum, den man in einer großen schwarzen tönernen *olla* gemacht hatte. Ein Akkordeonspieler wurde von einem Geiger begleitet und beide unterbrachen sich im Minutentakt, um wieder einen Schluck Bier zu trinken. Draußen spielten weitere Musiker und Paare tanzten eng umschlungen. Einer stolperte auf mich zu und bot mir einen Flaschenkürbis voll *tesgüino* an. Es hatte keinerlei Ähnlichkeit mit irgendeinem Bier, das ich jemals getrunken hatte, denn es war grünlichgelb, süßlich und klebrig, aber erfrischend kühl und berauschend.

Für *tesgüino* wird keimender Mais mit einem *basiahuari* genannten Grassamen vergoren. Der Vorgang braucht etwa sieben Tage, dann muss das Bier in einem begrenzten Zeitraum von 24 Stunden getrunken werden. Ein *Tarahumara* verbraucht mindestens 90 Kilogramm Mais pro Jahr für die Herstellung von *tesgüino*, eine Menge, von der sich eine vierköpfige Familie einen Monat lang ernähren kann. Obwohl die Jesuitenpatres dies leugnen, nimmt jeder Erwachsene an mindestens 50 *tesgüinadas* im Jahr teil. Die Etikette verlangt, dass bei einer *tesgüinada* jeder so viel wie möglich trinkt (nimmt man vorher *esquiate*, eine Art flüssiges Maismehlmus, zu sich, mildert das die Wirkung etwas ab).

Die *Tarahumara* vertragen zwar erstaunliche Mengen Bier, sind aber keine Alkoholiker. Trinken ist in erster Linie ein gesellschaftliches Ereignis, bei dem man Geschäftliches regelt, Ehen arrangiert oder Frauentausch organisiert. *Tesgüino* dient außerdem als Zahlungsmittel. Braucht jemand Hilfe beim Jäten, Ernten oder beim Bau eines Pferches für sein Vieh, lädt er seine Nachbarn von den umliegenden *rancherías* zum Helfen ein und versorgt sie dafür mit Bier.

Seite 247 oben Norogachi ist das Zentrum einer der ältesten Jesuitenmissionen in Mexiko. Während der *Fiesta de Nuestra Señora de Guadalupe* werden Speisen, Getränke und Pflanzen vor dem Kreuz auf dem Kirchenvorplatz »geopfert«.

Seite 247 unten Auf einer Höhe von rund 3000 Meter können Dezembernächte extrem kalt werden. Viele der *Tarahumara*-Frauen und -Kinder suchen während der Nacht Schutz in der Kirche, während die *matachines* drinnen weiter tanzen.

Seite 248 Die ersten Sonnenstrahlen schauen schon über die Sierra, doch die *matachines* hören noch nicht mit ihrem rhythmischen Rasseln auf. Seit etwa acht Stunden tanzen sie ununterbrochen.

Seite 249 Am Morgen nach der Fiesta steht ein *Tarahumara*, in eine dicke Wolldecke gehüllt, im frühmorgendlichen Sonnenschein, um sich von den Festlichkeiten der Nacht zu erholen.

Seite 250 – 251 Ich besuchte diese *tesgüinada* auf einer *ranchería* etwa eine Woche vor der großen Fiesta. Sie bietet gleichzeitig Gelegenheit zur Geselligkeit unter Nachbarn und für die »Heilung« von Feldern, Ernte und Tieren. Ein *Tarahumara* nimmt an etwa 50 *tesgüinadas* im Jahr teil. Irgendjemand spielt Gitarre, Geige oder Akkordeon, und alle tanzen, der dabei konsumierte Alkohol befreit die *Tarahumaras* aus ihrem isolierten Dasein und verschafft ihnen ein Gruppengefühl.

Die Verpflichtung, *tesgüinadas* zu geben, führt häufig zu extremen Notlagen, denn wenn ein *Tarahumara* nur wenig Mais besitzt, muss er notgedrungen das meiste davon zum Bierbrauen verwenden.

Der Reichtum eines *Tarahumara* bemisst sich an der Zahl seiner Schafe, Rinder und Ziegen. Die Tiere werden nur selten verzehrt, etwa als Opfermahl nach einer fiesta, aber der Mist ist als Dünger unentbehrlich. Die Düngemethode ist ausgesprochen effektiv. Man baut einen hölzernen Pferch von etwa sechs Meter Durchmesser und sperrt die Tiere über Nacht ein. Nach etwa fünf Nächten bittet man seine Nachbarn, beim Versetzen des Pferchs zu helfen – als Gegenleistung für eine *tesgüinada*. Bald ist eine ausreichend große Fläche karges, felsiges Land gedüngt, um genügend Mais für *tesgüino* und *pinole*, ein nahrhaftes Mehl aus gerösteten Körnern, für den Eigenbedarf anzubauen. Durch den Dung wird der Boden so stark angereichert, dass er vier Jahre lang bepflanzbar ist. Ein wohlhabender Mann leiht sein Vieh häufig weniger begüterten Verwandten, aber es liegen noch immer weite Flächen in diesem kargen Gebiet brach, weil es nicht genügend Tiere zum Düngen gibt.

Die *Tarahumara* haben eine enge Beziehung zu Tieren und glauben, dass diese nicht nur intelligent sind, sondern auch eine Sprache sprechen, die sie selbst nicht verstehen. Es widerstrebt ihnen daher, ein Tier zu töten, das ihnen oder ihrem Mais nichts getan hat. Und doch erzählte man mir, dass sie fast alles äßen, was da kreucht und fleucht; auf ihrem Speiseplan stehen Grashüpfer und Raupen, Frösche, Eidechsen und Klapperschlangen, getrocknetes Rinderblut, aber auch wilde Kleinsäugetiere von Ratten und Mäusen (gelten als besondere Delikatesse) bis zu Waschbären und Nabelschweinen.

In Norogachi, wo eine der ersten Missionen gegründet wurde, traf ich Padre Jesus Hielo, den zu diesem Zeitpunkt einzigen *Tarahumara*-Priester der Jesuiten. Ich bat ihn um eine Beschreibung. Nach einer längeren Pause gab er kurz, aber exakt ihre Philosophie wieder: »Durch ihre subjektive Einstellung zur Natur fühlen sie sich eins mit ihrem Schöpfer. Sie respektieren die Natur mehr als alles andere, weil sie glauben, dass ihr gesamter täglicher Bedarf von Mutter Erde gedeckt wird. Sie müssen sie um eine ertragreiche Ernte bitten, und wenn man sich ›nicht um sie kümmert‹, rächt sie sich, indem sie Dürre, Hochwasser oder Blitze schickt oder Würmer, die den Mais fressen.«

Heute sind praktisch alle *Tarahumara* christlich getauft, dennoch bleibt der Schamane eine zentrale Figur ihrer Kultur. Zu seinen wichtigsten Funktionen gehört das alljährliche »Heilen« von Feldern und Tieren. Pater Luis Verplancken, der 30 Jahre in der Sierra Tarahumara lebte, beschrieb ihre Rolle so: »Sie sprechen mit den Kühen, führen die jungen Kälber auf neue Weiden und sorgen dafür, dass sie jeden Abend zum Korral zurückkommen. Sie sprechen mit den Pflanzen und sagen: ›Bitte werde groß und gib dicke Körner und pass auf, dass die Würmer dich nicht fressen‹.«

Christianisierte *Tarahumara* sehen in den Jesuiten offenbar »erstklassige Hexenmeister mit einem direkten Draht zu Gott«. Der Padre erzählte mir von einer Feier: »Die Indianer betranken sich, und der Priester kam und war wütend. Im folgenden Jahr gab es keinen Regen. Sie glaubten, der Priester habe mit Gott geredet und ihn gebeten, keinen Regen zu schicken.« Dies also war der Hintergrund für die einfache fiesta von *Nuestra Señora de Guadalupe* für die *Tarahumara*.

Die wichtigsten Teilnehmer waren die Musiker – die Geiger, Gitarristen und Trommler – und die *matachines*, die Tänzer. Die Geiger ließen sich vor der Kirche nieder und spielten stundenlang, ganz hypnotisch, während die *matachines* zum wilden Geklapper ihrer Rasseln tanzten. Es waren etwa 25, gekleidet in Kittel und *coronas*, Kronen aus Spiegeln, angeführt vom *monarco* – dem Monarchen.

JHS

Spät in der Nacht versammelten sich alle Einwohner des Pueblo, die bis dahin um prasselnde Lagerfeuer gesessen und ungeheure Mengen *tesgüino* getrunken hatten, auf dem Platz und begannen in die Kirche zu drängen, viele mit ihren Tieren. Draußen ging die monotone Musik weiter, aber dann, wie auf ein Signal, hörten die Geiger zu spielen auf und die Rasseln verstummten. In der unheimlichen Stille tanzten die *matachines* weiter; das einzige Geräusch war nun das leicht makabre Klirren ihrer Kronen.

Dieser ungewöhnliche, stumme Tanz ging die ganze Nacht weiter, bis sie sich gegen vier Uhr früh in die Kirche zurückzogen und auf dem Boden in tiefen Schlaf fielen. Als die ersten Strahlen der Morgenröte wie Kondensstreifen über dem östlichen Himmel zu leuchten begannen, fingen die Musiker wieder zu spielen an, begleitet von dröhnenden Trommeln. Die *matachines* rappelten sich aus ihrem Schlaf hoch und begannen mitten auf dem Platz wieder mit ihrem wilden Rasseln. Nun zeigte sich jedoch, dass nur die mit der stärksten Alkoholresistenz noch auf den Beinen waren; die Übrigen waren den Folgen dieser in die Länge gezogenen Biersause erlegen. Pater Verplancken meinte später dazu: »Sie sind keine Sklaven von Zeit oder Zivilisation. Sie haben es geschafft, in diesem Land jahrhundertelang mit einem Minimum an Außeneinfluss zu überleben. Wenn man ihre Kultur zerstört, zerstört man sie als Rasse.«

Register

Kursiv gesetzte Zahlen beziehen sich auf Abbildungen und Bildlegenden.

Für meine Frau Ingrid, die wunderbarste Reisegefährtin

Titel der englischen Originalausgabe: Sacred Festivals

Design: Balley Design Associates

Aus dem Englischen von Petra Trinkaus
Lektorat und Koordination: Gimlet & Partner, Köln
Satz: adHOC, Köln
Umschlaggestaltung: Dorén & Köster, Berlin

Druck: Butler & Tanner, Großbritannien

ISBN 3-87584-658-3

Anmerkung des Fotografen

Die Arbeit an diesem Projekt hat über 25 Jahre gedauert und es gibt immer noch zahlreiche Feste und Feiern, die mir bislang entgangen sind! Die Fotografenausrüstung hat sich in dieser Zeit radikal verändert. Autofokus ist heute die Norm, die Filme sind schärfer, schneller und farbintensiver geworden. Die Frage, die man mir bei diesen Fotos am häufigsten stellt, ist nicht: »Wo haben Sie das aufgenommen?«, sondern »Welche Kamera haben Sie benutzt?« Anscheinend ist die Ausrüstung wichtiger als die Erschaffung des Bildes.

Ich sage immer, dass es bei meiner Art von Fotografie hauptsächlich um Licht geht, um den richtigen Standort und darum, im richtigen Moment den Auslöser zu drücken. Aber vielleicht interessiert es doch, wie ich manche der Bilder gemacht habe; hier also eine kurze Beschreibung einiger Fotos:

Indien/Kumbh Mela: Ich möchte von ganzem Herzen Dhruv Singh danken, einem indischen Fotografen aus Delhi, den ich bei der Kumbh Mela getroffen habe. Er hatte dort phantastische Kontakte, und obwohl es mir nicht gelungen war, einen speziellen Presseausweis zu bekommen, der mir überall auf der Mela eine Sonderstellung verschafft hätte, manövrierte er mich in die perfekte Position genau in der Mitte des Ganges, als die Nagas sich ins Wasser stürzten. Canon EOS IN/70 – 210 mm Ultrasonic-Objektiv. Fuji-Film.

Tibet/Neujahrsfest: Hier habe ich meist eine Voigtländer Bessa-R mit dem 25 mm f4 Skopar-Objektiv benutzt. Diese Kamera gefällt mir sehr. Sie ist sehr leicht, die Objektive sind extrem scharf, sie ist praktisch komplett manuell und äußerst zuverlässig bei sehr kalten Temperaturen von bis zu –20°. SLR-Kameras sind stark von Batterien abhängig, die sich bei kaltem Wetter schnell entladen. Das kann im kritischen Moment zum Problem werden!

Vietnam/Huong Tich: Durchgängig Canon EOS IN, Film: Fuji Provia.

Indien/Ganguar: Hasselblad X-Pan Panoramakamera

Russland/Praznik Cevera: Es wurde hier bis zu -45° kalt, und bei solchen Temperaturen werden Filme brüchig und reißen. Dadurch wurde häufig die Perforation beschäftigt. Hier benutzte ich eine Nikon-F.

Malaysia/Göttin Amman: Fuji Provia lieferte die starken, satten Farben, die diese Reportage verlangte. Überwiegend Canon EOS IN und 20–35 Ultrasonic Zoom.

Indien/Kartika Purmina: Wenn ich Zeit habe, arbeite ich gern mit Mittelformat, und hier bot sich die Gelegenheit. Mamiya 6 x 7 und Fuji Velvia (50 ASA)

Bali/Galungan: Canon EOS IN und Fuji Provia 100 und 400 ASA

Alle anderen Schwarz-Weiß-Fotos wurden mit einer Leica M4 gemacht, meist mit dem superben 21 mm f2.8 Elmarit-Objektiv. Film: Kodak Tri-X oder Ilford HP5.

Dank

Ich danke Arvind Singh Mewar, Seiner Hoheit dem Maharana von Udaipur, für seine Gastfreundschaft bei den Festen von Pushkar und Ganguar in Indien; Sabina Bailey in Udaipur und Satyajit Desai in Mumbai; Richard Bedser, Lizzie Bloom, Matt Dickinson, Noel und Louise Dockstader und Todd Osborne, alle Teammitglieder bei der Fernsehdokumentation On the Horizon, mit denen ich mehrere wunderbare Reisen zu Festivals gemacht habe; Malcolm Beskim und Graham Westmoreland, die das Material für dieses Buch als Erste sahen und mir in den ersten Stadien der Produktion halfen; Patrick Brannelly von Emirates Airlines, Dubai; Steed Chan in Lanzhou, China, mit dem ich zwei Reisen nach Xiahe in Tibet gemacht habe; Les Chemins du Mont-Saint-Michel in Vire für die Einladung, an ihrem Marsch teilzunehmen; Elisa Lopez in Lissabon für ihre Hilfe bei den Festen in Portugal; Krystina Lyon-Budden; William L. Merrill vom Smithsonian Institute in Washington DC, einer Autorität, was die Tarahumara in Mexiko betrifft; Peter Oliver für die Übersetzung von Dokumenten; Elizabeth Pytlarz in Krakau, Polen; und dem in Delhi ansässigen Fotografen Dhruv Singh, weil er uns über den riesigen Platz der Kumbh Mela in Allahabad navigierte.

Außerdem möchte ich mich bei meiner Lektorin Caroline Ball für ihre unschätzbare Beratung bedanken; sie hat geholfen, meine gekritzelten Notizen in einen lesbaren und, wie ich hoffe, informativen Text zu verwandeln; und schließlich danke ich Zaro Weill und Ljiljana Baird von MQ, die sich mit der gleichen Leidenschaft für Heilige Feste eingesetzt haben wie ich in den vergangenen 25 Jahren.